高中生
GAOZHONGSHENG
DUPIN YUFANG JIAOYU DUBEN
毒品预防教育读本

主 编

张晓春

陈 静

广西教育出版社

南宁

图书在版编目（CIP）数据

高中生毒品预防教育读本 / 张晓春，陈静主编. --
南宁：广西教育出版社，2020.5（2022.9重印）
ISBN 978-7-5435-8772-4

Ⅰ.①高… Ⅱ.①张… ②陈…Ⅲ.①禁毒 – 高中 –
课外读物 Ⅳ.①G631

中国版本图书馆CIP数据核字（2020）第048504号

策划编辑：张星华
责任编辑：张星华　黄　璐
责任校对：何　云
封面设计：杨　阳

出 版 人：石立民
出版发行：广西教育出版社
地　　址：广西南宁市鲤湾路8号　　邮政编码：530022
电　　话：0771-5865797
本社网址：http://www.gxeph.com
电子信箱：gxeph@vip.163.com
印　　刷：广西壮族自治区地质印刷厂
开　　本：787mm×1092mm 1/16
印　　张：5.25
字　　数：65千字
版　　次：2020年5月第1版
印　　次：2022年9月第4次印刷
书　　号：ISBN 978-7-5435-8772-4
定　　价：25.00元

前　　言

　　预防教育是禁毒工作的治本之策。《全国青少年毒品预防教育规划（2016—2018）》要求根据青少年生理和心理特点，遵循和把握教育规律，以校园为重要阵地开展毒品预防教育，通过普及禁毒知识，提升在校生防毒拒毒的能力。

　　当前毒品形势复杂，禁毒任务艰巨，呈现境内与境外毒品问题相互交织、传统与新型毒品危害相互交织、线上与线下毒品犯罪相互交织的严峻形势，这都对毒品预防教育提出了更高的要求。

　　2019年，国家禁毒委发布《关于加强新时代全民禁毒宣传教育工作的指导意见》（以下简称《指导意见》），要求把禁毒宣传教育置于禁毒工作优先发展的战略位置，把禁毒宣传教育的重点放在提前介入、主动预防上，遵循教育教学规律，遵循学生认知规律，有针对性地开展毒品预防教育。

　　根据《指导意见》的要求，我们结合小学、初中、高中在校生的认知能力，量身打造了这一套青少年毒品预防教育读本。我们根据不同年龄段学生的心理行为特点，将毒品的定义、毒品的特征、毒品的危害、生活习惯与吸毒行为的关系、禁毒相关的法律知识以及拒绝毒品的有效措施等内容融入读本。读本中既有专业的毒品防范知识，又结合大量相关案例加以探究学习，并注重从青少年的视角出发，首次在毒品预防教育中增加了易导致涉毒的越轨行为、标签理论等心理学知识。这套读本追求形式灵活、内容实用、设计科学、资料准确，旨在帮助小学、初中、高中在校生提升对毒品危害的认知，进而远离毒品。期待这些知识能够帮助同学们获得绿色无毒的健康人生。

本套读本分为小学、初中、高中三册。另配套一册《毒品预防教育教学指南》，专为中小学开展毒品预防教育量身打造，既有开展毒品预防教育的通识内容，又有教案样例和教学设计。在编写过程中，因时间紧迫、水平有限，书中难免存在谬误之处，望广大读者和专业人士批评指正。

编者

2019 年 12 月

目 录

第三课　树立禁毒意识

第四课　禁毒行动我先行

第一课
正确认识毒品

　　同学们从小学开始就从各种渠道听说过毒品，并且知道一碰毒品就会陷入无尽深渊。说到毒品，有的同学会觉得它如同洪水猛兽，很恐怖；有的同学会觉得它并没有宣传的那么可怕。其实这两种看法都不够全面，我们必须正确认识毒品，学习毒品的相关知识，了解毒品的危害，才能真正做到防范毒品、抵制毒品。

2019 年的某天，还在接受强制隔离戒毒的李明（化名），讲述了自己的故事：

大约十年前，李明就读于某市重点高中尖子班，他成绩十分优异，在学校受老师青睐，在家庭被父母宠爱，过着十分幸福的生活。

可是在高一那年的一个周末晚上，与同学一同外出玩耍的李明在朋友的诱骗与怂恿下，第一次尝试了"溜冰"（吸食冰毒）。李明从毒品中获得了前所未有的快感，于是开始利用周末和放假时间与朋友外出，继续进行所谓的"溜冰"。李明的心思也开始不放在学习上了，他的学习成绩如同跳水一般，快速下降。

随着"溜冰"次数的增加，李明发现自己越来越离不开这个东西了，而且如果在一定时间内不去"溜冰"，他就会浑身难受。为了缓解身体因为无法"溜冰"而带来的难受，李明开始在自己的房间里、厕所里"溜冰"，甚至在学校里进行。一次，李明在学校里偷偷"溜冰"，被老师发现了，后来学校对他给予了开除学籍的处分。从此，李明失去了上学的机会。

离开学校的李明开始整日跟着自己的"冰友"在社会上晃荡。为了支付"溜冰"的高额费用，他开始从家里偷父母的钱。在掏空了家里的积蓄后，为了筹集"溜冰"的费用，李明开始跟着"冰友"盗窃电动车和电瓶来换钱，并以此为生。

后来，李明在某次盗窃活动中被公安机关人赃并获。公安机关查明，李明多次盗窃累计涉案金额巨大，并且被公安机关认定为吸毒成瘾严重，最终李明被人民法院判处了十年有期徒刑。李明的整个青春岁月都在强制隔离戒毒所和监狱中度过。

☞ 什么是毒品？毒品真的有"毒"吗？为什么毒品会让人难以自拔呢？

一、毒品的定义

"毒品"是现代社会用语，最早出现在欧洲，是人们在认识到鸦片等麻醉药物的危害后才开始使用的。因此，"毒品"作为一个社会用语，至今才有两三百年的历史。在中国，大约到 20 世纪 20 年代才开始使用"毒品"一词，在第二次世界大战前后才逐渐流行起来。此前，清代中期以后，尤其是在鸦片战争期间，一直使用"烟毒"等词语。"毒品"并不是医学上所界定的概念，而是一种法律上的概念。

在国际上，毒品是指由国际公约控制，防止滥用的一些天然生产或人工合成的麻醉药品和精神药品，人们摄入后引起兴奋或具有一定抑制、幻觉作用，并能产生依赖性的药物。在《中华人民共和国刑法》第三百五十七条、《中华人民共和国禁毒法》第二条对毒品有明确定义，这两部法律都规定：毒品是指鸦片、海洛因、甲基苯丙胺（冰毒）、吗啡、大麻、可卡因，以及国家规定管制的其他能够使人形成瘾癖的麻醉药品和精神药品。按照这一定义，在我国，只要是国家规定管制的能够使人形成瘾癖的麻醉药品和精神药品，在非医疗目的滥用时都是毒品。麻醉药品和精神药品，是指列入《麻醉药品品种目录》《精神药品品种目录》《非药用类麻醉药品和精神药品管制品种增补目录》的药品和其他物质。

随着科技的不断发展和进步，人类对药物的认识也在进步。这种认识对制药工业的发展有促进作用，但也被毒品犯罪分子用来制造新型合成毒品。因此，列管品种会根据国际毒品形势的发展变化而增加，如2019年4月1日，中国政府宣布对芬太尼类物质实行整类列管。

二、毒品的特性

（一）违法性

毒品作为国家法律法规明令禁止的物质，吸食（注射）、制造、贩卖、运输、非法持有毒品都是违反国家法律规定的，都会受到相应的治安行政处罚或者刑事处罚。

（二）依赖性

吸毒者无论是在生理上还是心理上，都会对毒品产生强烈的依赖，这种依赖分为生理依赖和心理依赖。

毒品进入人体后，会从身体内部对人的机能甚至意志进行控制。生理依赖的严重程度与吸毒者个体的生理、心理特点有关，也与所使用的毒品种类、使用时间、使用频率和使用剂量有关。一旦停止使用某种毒品，吸毒者的生理功能就会发生紊乱，并出现一系列的严重反应，包括兴奋、失眠、流泪、流涕，以及出汗、震颤、呕吐和腹泻，甚至虚脱、休克等，这些反应在医学上称为戒断综合征。吸毒人员出现戒断综合征，就是对毒品产生生理依赖的表现。

心理依赖也称为精神依赖，是多次使用某种毒品后，由于吸毒产生的感受导致吸毒人员对毒品强烈渴求，从而引发强迫用药的行为。心理依赖俗称"心瘾"，是吸毒者难以戒断毒品的最根本原因。有些人因为好奇心强而尝试吸毒，以为只吸一两次不会上瘾，还有些人以为只要有决心，想戒就可以戒断。但是，毒品是特殊的药品，在吸食后，人的生理依赖、心理依赖会交替出现。这种依赖性是药物与机体相互作用造成的，心理依赖会加重生理依赖，生理依赖又加强心理渴求，从而导致持续使用毒品，所以吸毒者都会共同经历一个"吸毒—戒毒—再吸—再戒"的过程。毒品成瘾性极其顽固，"一朝吸毒，十年想毒，终生戒毒""十年戒毒，一口还原"都是对心理依赖形象的诠释。

从医学角度来看，生理上对毒品的依赖基本上一两个月就能戒断，真正难戒断的是心理上的依赖。"心瘾"就是吸毒者深入骨髓的对毒品的依赖。当然，人体对不同毒品的依赖性也有一定差别，比如对海洛因是生理依赖性比较突出，对氯胺酮则是心理依赖性比较显著。

（三）耐受性

随着吸毒者一次又一次地吸入毒品，其身体所体验到的快感会渐渐下降，吸毒者为了达到与之前相同的快感，会渐渐加大毒品的吸食量，当吸食的方式已经无法满足其所需要的快感时，会开始采用注射毒品的方式获得快感，并且注射的量也会随着注射的次数而逐渐增加。长期往复，吸毒者的身体机理会在摄入毒品量增加的同时被慢慢破坏。

（四）危害性

毒品带有个"毒"字，形象地说明了其是一种有毒害性的物质。毒品进入人体后会严重损害身心健康，还会给整个社会带来极大的危害。

1. 对国家的危害

1840年在中国爆发的第一次鸦片战争，是中国近代屈辱历史的开端，而这一切的导火索竟然是名为鸦片的毒品。侵略者向中国倾销鸦片，使当时的中国人民深受其害，大量民众甚至是军队里的士兵都沾染上了鸦片，国民整体体质大幅下降，军队战斗力急剧削弱。

同时，大量鸦片的流入，使得国家的财富被掏空。政府无法在军事、社会、民生方面进行大量投入，军队装备老旧，社会基础设施建设得不到保障，人民生活水平持续下降。

国力的一再下降，使得当时的中国孱弱无比，帝国主义侵略者看到了机会，对中国进行了惨无人道的侵略，中国人民的百年苦难便由此开始。

2. 对社会的危害

涉毒人员常常会引发其他违法犯罪行为，比如在 2019 年某市公安机关开展的打击"两抢一盗"专项行动中，抓获的违法犯罪嫌疑人里有超过四成是涉毒人员，他们为了筹集吸毒资金，会通过其他的违法犯罪活动来谋取金钱。

此外，吸毒带来的致幻以及兴奋，往往会引发一些故意伤害、强奸、危险驾驶等造成严重后果的行为。

3. 对家庭的危害

吸毒会给家庭带来巨大的经济负担，会掏空一个家庭的积蓄，并且毒品会对吸毒者的性格、世界观、价值观、人生观产生巨大的影响，使吸毒者越发偏激、暴躁，极易引发家庭暴力等行为。

三、毒品的分类

毒品种类很多，范围很广，而且在不同的时期、不同的国家，具体的分类标准和范围也不尽相同。下面是常见的毒品分类方法：

（一）从毒品的来源看，可分为天然毒品、半合成毒品和合成毒品三大类

1. 天然毒品：指直接从毒品原植物中提取的毒品，如鸦片、大麻等。

2. 半合成毒品：是由天然毒品与化学物质合成而得的毒品，如吗啡、海洛因（二乙酰吗啡）、可卡因、可待因等。

3. 合成毒品：是完全利用化学原料进行有机合成而制造的毒品，如冰毒、麻古、摇头丸、K 粉、氟硝西泮（"蓝精灵"）等。此类毒品因为加工生产不再依靠毒品原植物，不再需要遵循植物生长周期，所以生产加工更简单，距离人们也更近。

（二）从毒品对人体中枢神经的作用看，可分为抑制剂、兴奋剂和致幻剂

1. 抑制剂能抑制中枢神经系统，使人镇静和放松，如阿片类毒品。

2. 兴奋剂能刺激中枢神经系统，使人产生兴奋，如苯丙胺类毒品。

3. 致幻剂能使人产生幻觉，导致自我歪曲和思维分裂，如麦司卡林。

（三）从毒品的自然属性看，可分为麻醉药品和精神药品

1. 麻醉药品是指对中枢神经有麻醉作用，连续使用易产生依赖性的药品，如阿片类毒品。

2. 精神药品是指直接作用于中枢神经系统，使人兴奋或抑制兴奋，连续使用能产生依赖性的药品，如苯丙胺类毒品。

（四）从毒品流行的时间顺序看，可分为传统毒品和新型合成毒品

1. 传统毒品一般指鸦片、海洛因等阿片类毒品，这类毒品流行较早且需要依赖毒品原植物才能加工制造。

2. 新型合成毒品是在流行时间上比传统毒品要晚的毒品，主要指冰毒、摇头丸等人工化学合成的致幻剂、兴奋剂类毒品。新型合成毒品在我国主要从 20 世纪末 21 世纪初开始在娱乐场所中流行。

（五）新精神活性物质

新精神活性物质是指具有受管制毒品效果，但却往往不受监管的精神活性物质。它是不法分子为逃避打击而对管制毒品进行化学结构修饰得到的毒品类似物，具有与管制毒品相似或更强的兴奋、致幻、麻醉等效果，例如氯胺酮（K粉）、卡西酮类（"浴盐"）、芬太尼类等毒品。此类毒品在国内外年轻人群体中的滥用问题也不鲜见。

据统计，全球共发现新精神活性物质九大类约六百种，其中具有兴奋和致幻作用的物质数量最多，其滥用也最为严重。有关部门预测，新精神活性物质将成为全球流行的第三代毒品，强力冲击传统毒品和合成毒品，使毒品问题呈现三代毒品相互交织的复杂局面。

狭义的毒品包括上述的几类毒品，而广义的毒品还包括毒品原植物和生产毒品的原料，如制造鸦片和海洛因的罂粟、提取可卡因的古柯、大麻及制造冰毒的麻黄碱等。

随着时代的发展、制药水平的日新月异及新型药品原材料的运用，制毒技术也在悄然改进。新型毒品的合成和问世，以及某些成瘾性药品被滥用，这些药物会被列为新的受管制药品，毒品的种类和范围也会不断扩大。

四、认识常见的毒品

（一）鸦片

【别名】阿片、大烟、烟土、阿芙蓉等。

【物理形态】将未成熟的罂粟果割破果皮而渗出的乳状物风干后得到的膏状物，呈棕色或暗棕色。罂粟是一种一年生或两年生草本植物，叶片翠绿，每茎一花，十分艳丽。花瓣脱落后露出形如草果的绿色罂粟果。罂粟果里的白色浆汁就是加工鸦片的原料，乳浆经风干而成的膏体是生鸦片，气味令人作呕，味道很苦；进一步加工后即为熟鸦片，光滑油腻，吸食时发出浓烈的香甜气味。割过浆的罂粟果壳也是国家规定管制的一种

罂粟果实收割

麻醉药，一些不法商贩将罂粟果壳用作火锅底料，食用后也会使人成瘾。

【毒害作用】刚开始吸食鸦片会头晕目眩、恶心头痛，尚能保持正常活动，但长期吸食鸦片，会变得瘦弱不堪，面无血色，目光呆滞，引发失眠，并会丧失免疫力，极易感染各种疾病。吸食成瘾后，会导致体质严重衰弱及精神颓废。过量吸食会引起急性中毒，因呼吸抑制而致死亡。

鸦片

（二）吗啡

【物理形态】 从生鸦片中提炼出来的一种具有很强镇痛作用的生物碱，呈白色或棕色，粉末状，易溶于水。在医学上，吗啡为麻醉性镇痛药，具有镇痛及催眠作用，亦有镇静作用。其最大的不良反应是易成瘾性，临床使用必须由医生严格控制，不能滥用。

吗啡片剂

【毒害作用】 吸食吗啡可使人产生一系列不良反应，对中枢神经方面的影响表现为嗜睡和性格的改变；可造成人的注意力降低，思维能力和记忆力衰退，长期大量使用会引起精神失常，而大剂量吸食会导致呼吸停止而死亡。由于吗啡的极易成瘾性，吸食者无论身体上还是心理上都会对其产生严重的依赖，形成严重的毒物癖，从而不断加大剂量以达到吸食效果。

（三）海洛因

【别名】 白粉、二乙酰吗啡。

【物理形态】 属鸦片系列，呈白色粉末状。

【毒害作用】 20世纪初，海洛因被用作麻醉性镇痛药，其镇痛效力比吗啡强，曾被世界各地的医学专家称为"灵丹妙药"，但其不良反应远远超过药用价值，因而在医学上早已被禁用。

人吸食海洛因两三次后，大多数情况下都会上瘾。长期吸食者会出现昏昏欲睡的状态，眼睛混浊，瞳孔呈针尖状，对周围事物漠不关心；停止使用则相当难受，轻者涕泪横流、皮肤发痒、忽冷忽热，重者四肢疼

海洛因

痛、恶心腹泻、无法入睡。吸食者如不重视卫生条件，则染病的概率很高，极易感染病毒性肝炎、肺水肿、肺气肿和肺栓塞等疾病。过量吸食会引起昏迷、呼吸减弱、心跳缓慢、血压过低，并伴随肺水肿，严重者可导致呼吸抑制而死亡。

（四）大麻

【别名】印度大麻。

【物理形态】通常所说的可制造为毒品的大麻并非指所有的大麻，而是专指印度大麻中一种较矮小、多分枝的变种。大麻为一年生草本植物，主要生长在温暖地区和赤道地带。经加工，大麻可制成三种毒品：一是大麻草或大麻烟，二是大麻脂，三是大麻油。大麻的化学成分十分复杂，大麻植物里已知的化学物质就有400多种，其中最主要的精神活性成分是四氢大麻酚，它具有强烈的致幻作用，因而成为吸毒者追逐的对象。

【毒害作用】吸食大麻对人的中枢神经系统作用强烈，可在几分钟内让人精神兴奋，情绪波动大，如可使人突然号啕大哭，但两小时后情

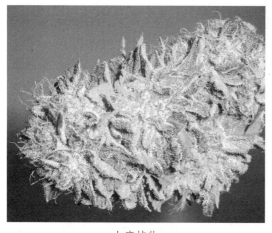
大麻植物

大麻烟

绪便跌入低谷、口干舌燥、心率加快、血压不稳、喉头发痒，痛苦异常。长期吸食会产生依赖性，一旦停用则出现失眠、食欲减退、性情急躁、易怒、呕吐、颤抖等症状。

（五）可卡因

【别名】古柯碱。

【物理形态】可卡因是从南美洲一种叫古柯树的叶子里提炼出来的生物碱，呈白色结晶粉末状，味苦而麻。因其形状像雪，又称为"白雪"。秘鲁是世界上种植古柯树最多的国家，年产古柯树叶达6万吨。

可卡因粉末

【毒害作用】海洛因属于镇静剂，而可卡因属于兴奋剂。可卡因是成瘾性最强的毒品之一。使用一定剂量的可卡因能导致短期的精力充沛和欣快现象，甚至可以消除饥饿感和疲劳感。若长期大剂量使用，可使人精神日益衰退，有的甚至会发展为偏执性精神障碍。吸食可卡因后，人会出现过度兴奋而全身颤抖、痉挛，肌肉扭曲、变形，严重时出现癫狂，使人做出难以预料的荒诞行为和可怕举止，甚至只有施暴才能释放其能量。有些人还会因过量使用可卡因而出现重度心力衰竭，整个神经系统被抑制，从而引致死亡。吸食 70 毫克的可卡因可使体重 70 千克的成年人当场死亡。

（六）冰毒

【别名】甲基安非他明、去氧麻黄素。

【物理形态】冰毒是一种甲基苯丙胺类毒品，属于人工合成毒品，因其外观为无色透明结晶体，像冰，故得"冰毒"之名。

冰毒晶体

【毒害作用】冰毒属于效力强大的兴奋剂，使用一次即可成瘾，吸食

20 毫克就会引起中毒，甚至致人死亡。吸食冰毒可造成服用者精神偏执，行为举止咄咄逼人，有性暴力倾向并会引发反社会行为。它会使人失眠、产生幻觉、心跳急促、情绪低落，同时严重损害肺、肾、肝、心脏等器官和脑组织，严重时导致肾衰竭及精神失常，甚至死亡；在精神方面还表现出多疑、敏感、妄想，并伴有相应的情绪变化，在妄想支配下的吸毒者还会因冲动而引发自杀、杀人或随意施暴等暴力行为。

（七）摇头丸

【别名】狂喜丸、狂欢丸、疯药、MDMA 等。

【物理形态】摇头丸是由冰毒衍生物及其他化学物质合成的兴奋剂，属于苯丙胺兴奋剂中的一种，人服用后听到音乐即摇头不止，故此得名。摇头丸通常为片剂、丸剂，形状图案多样。

摇头丸

【毒害作用】摇头丸具有强烈的兴奋中枢神经系统的作用，人服用后会出现幻觉和性冲动，造成行为失控，易诱发治安问题和刑事案件。近年来，在我国大中城市的歌舞娱乐场所中，服食摇头丸现象十分突出，服食者多为青少年。服用摇头丸不仅严重损害大脑、心脏，而且会导致群体性行为等现象，造成严重的社会问题。

（八）K 粉

【别名】氯胺酮。

【物理形态】K 粉为白色结晶性粉末，无臭，易溶于水，可随意勾兑进饮料、红酒中。

氯胺酮

【毒害作用】K 粉是一种很危险的精神药品，一般人只要足量使用两三次就会上瘾，且会对人的大脑造成不可逆的伤害，是一种很危险的精神药品。人在服用后身体瘫软，一旦听到节奏狂放的音乐，便会条件反射般强烈扭动、手舞足蹈，"狂劲"一般会持续数小时甚至更长时间，直到药性渐散、身体虚脱为止。K 粉易让人产生很强的依赖性，服用后意识与感觉处于分离状态，导致神经中毒反应和精神分裂症状，表现为头昏、精神错乱、过度兴奋、幻视、幻听、运动功能障碍、抑郁以及出现怪异和危险的行为，同时对记忆力和思维能力都会造成严重损害。

（九）麦角二乙胺

【别名】LSD、一粒沙、黑芝麻、蟑螂屎、摇脚丸。

【物理形态】麦角二乙胺纯品通常无色无气味，最初多制成胶囊包装，有时也以黑色沙粒状小颗粒（状似六神丸）方式呈现，目前最为常见的是以吸水纸的形式出现。

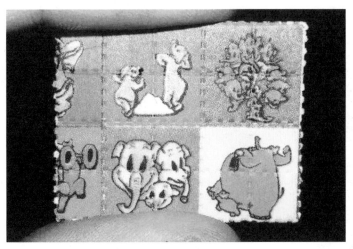

滴在"邮票"上的麦角二乙胺

【毒害作用】麦角二乙胺是已知药力最强的致幻剂,极易为人体吸收。人服用后会产生以幻视、幻听为主的幻觉,出现惊慌失措、思想迷乱、疑神疑鬼、焦虑不安、行为失控和完全无助的精神错乱症状。听到节奏强烈的音乐会不由自主地手舞足蹈,药效长达 12 个小时,同时会失去方向感以及辨别距离、时间的能力,甚至会导致身体严重受伤或死亡。

(十)三唑仑

【别名】海乐神、酣乐欣、迷药、蒙汗药、迷魂药。

【物理形态】常见形态是淡蓝色片剂,纯品性状是无色或白色的无气

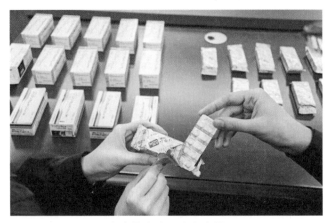

海关收缴的三唑仑片剂

味粉末，可溶于水、酒及其他饮料中。

【毒害作用】是一种强效的镇静催眠药品，口服可以迅速使人昏迷晕倒，药效比普通安定强，服用 5~10 分钟即可致眠，但昏睡期间对外界无任何知觉。服用还可使人出现狂躁、好斗，甚至个性改变等情况。因此，三唑仑长期服用极易导致药物依赖。

（十一）麻古

【别名】麻谷、麻果。

【物理形态】麻古即含甲基苯丙胺的片剂，有浓烈的香味。片剂表面上通常刻有"WY""888"等字样，也有少数无刻痕。麻古的颜色以暗红色为主，还有鲜红色、粉红色、紫红色、绿色、淡绿色、橙色、棕色等多种颜色。

麻古片剂

【毒害作用】因麻古的主要毒性成分是甲基苯丙胺，所以其毒性、滥用症状、对人体的损害与冰毒相似。

（十二）合成大麻

【别名】香料、精灵、佐海。

【物理形态】合成大麻是一系列具有类似天然大麻素作用的人工合成

物质。该类制品多以香料、花瓣、烟草、电子烟油等形态出现，如"小树枝""香料""香草烟"等。

合成大麻

【毒害作用】吸食合成大麻能产生比天然大麻更为强烈的快感，这导致合成大麻迅速蔓延，已成为新精神活性物质中涵盖物质种类最多、滥用最为严重的毒品。长期吸食会导致心血管系统疾病以及精神错乱，同时也存在致癌的风险。

五、认识成瘾性处方药

　　小辉考上了当地一所重点高中，怀着激动兴奋的心情入学后，却感到难以适应高强度的学习节奏，周围都是优秀的同学也让他很有压力。他开始日渐焦虑，不仅学不进去，还变得很抗拒上学。

　　经历期中考试的大挫败后，小辉心灰意懒，上课不再听讲，而是跟一些成绩不好的同学混在一起，还学会了抽烟喝酒。通过他们，小辉认识了另一所高中的一个"大哥"。有一天，这个"大哥"说要带他们好好放松一下，就去买了两瓶止咳水，以及四瓶可乐。

　　"大哥"把止咳水兑到可乐里，让他们喝下去，说非常刺激。当时小辉觉得很好奇，一口气喝下一大杯可乐勾兑的止咳水，然后抽起烟来。

　　小辉当时感觉挺兴奋，第二天睡醒后就恢复了正常，也没啥不舒服。于是，他心里便惦记着那种感觉，很想再体验一次。"大哥"似乎读懂了他的心思，过了两天又带着他一起喝止咳水。从此，小辉就认识了一群喝止咳水的朋友，大家一起玩，一起喝。起初喝得不多，几个人喝一瓶，每次都很兴奋。

　　除了喝止咳水，小辉还跟着朋友逃课，在校外通宵上网。父母给他的零花钱，绝大部分都花在了买止咳水和香烟上。后来，小辉的瘾越来越大，就开始偷家里值钱的东西去卖，再去买止咳水。他终日精神恍惚，已无法上学，只能休学回家。父母看到他萎靡不振的样子，非常心痛，经常劝说关怀，小辉也感到愧疚，但始终无法戒除对止咳水的依赖，总趁着白天父母上班偷偷在家喝止咳水。有一天，小辉没法尿出小便，身体疼痛，只好请求父母带他去医院。医生检查后，小辉滥用成瘾性处方药的问题才暴露在父母面前。而此时，小辉的身心都已受到了极大摧残，原本光明的前途也变得非常黯淡。

处方药，是指必须凭执业医师或执业助理医师的处方才可以调配、购买和使用的药品。这种药通常都具有一定的毒性及其他潜在影响，使用的方法和时间都有特殊要求，必须在医生指导下使用。若是擅自使用，很可能因使用不当而产生不良反应，甚至对身体造成危害。

目前，全球滥用处方药的问题较为严重，在青少年群体中也不少见。许多青少年都知道毒品对人体危害巨大，却认为处方药是安全的、不会成瘾的，因为很多人在生病时会使用。这是非常错误的认识。如果长期滥用这些药物以获得快感，就更是危险。下面介绍几种经常被滥用的成瘾性处方药。

（一）止咳水

【物理形态】深褐色液体。

【毒害作用】止咳水通常含有可待因、麻黄碱等成分，服用后会出现昏昏欲睡、便秘、恶心、情绪不稳定、睡眠失调等症状，大量服用会抑制呼吸。止咳水属于处方药，虽不属于毒品，但如果滥用，就会形成心理依赖，戒断症状类似海洛因。长期服用者往往最终转吸海洛因才能满足毒瘾。过量服用止咳水，可导致抽筋、神智失常、中毒性精神病、昏迷、心跳停止及呼吸停顿，引起窒息死亡。

（二）地西泮

【别名】安定。

【物理形态】白色结晶性粉末。

【毒害作用】适用于治疗焦虑、失眠以及癫痫等。长期大量服用可产生耐受性并成瘾。久服骤停可引起惊厥、震颤、痉挛、呕吐、出汗等戒断症状。用药过量则会引起头痛、言语不清、震颤、心动过缓、低血压、视力模糊及复视、嗜睡、疲乏、头昏、共济失调（走路不稳）。超剂量可导致急性中毒，表现为动作失调、肌无力、言语不清、精神错乱、昏迷和呼吸抑制直至死亡等，也可引起关节肿胀、血压下降等。

（三）氟硝西泮

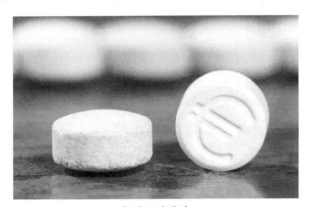

氟硝西泮药片

【别名】氟硝基安定。

【物理形态】普通药粉或药片状。

【毒害作用】氟硝西泮属苯二氮䓬类镇静催眠药，被归入第二类精神药品。镇静、催眠作用较强，诱导睡眠迅速，可使人持续睡眠5~7小时。氟硝西泮通常与酒精合并滥用，滥用后可使受害者在药物作用下无能力反抗而被强奸或抢劫，醒后会对所发生的事情失忆。氟硝西泮与酒精和其他镇静催眠药合用还会导致中毒死亡。

识破毒品的伪装

毒品有时会被伪装成生活中常见的零食、饮料。由于这类毒品的包装与正常商品无异，极易让人在不知情时误服误用，同学们必须要特别警惕这些披着伪装外衣的毒品。

（1）"奶茶"。这些"奶茶"大多为冰毒和K粉混合而成，毒贩将多种毒品制成粉末后，与劣质奶茶混合包装，仅用开水调和即可食用。

"奶茶"包

（2）毒品饮料。"神仙水""开心水"都是液体毒品。它们由多种毒品混合而成，用15毫升小玻璃瓶子装盛，无色无气味，加在饮料中，人轻易无法察觉。

"开心水"

"开心水"也被叫作"HAPPY水"，是一种无味、透明的液态毒品，一般含有冰毒、氯胺酮、苯丙胺、MDMA 等毒品中的一种或几种，由于成分多为中枢神经兴奋剂，服用后可以兴奋人的中枢神经，具有使人欣快、警觉和抑制食欲等一系列作用，重复使用会使人上瘾。如果大剂量使用会引起人精神错乱及思想障碍，有人会出现类似于妄想性精神分裂症的情况，变得多疑并出现幻听。

"神仙水"

"神仙水"一般指 γ-羟丁酸（GHB），γ-丁内酯（GBL）、1,4-丁二醇（1,4-BD）也能产生类似效果。它与 MDMA、氯胺酮一起并称为三大"迷奸药"，与此有关的性犯罪时有发生。滥用群体经常将 GHB、GBL 和 1,4-BD 掺入酒中饮用。

贴有标签的"神仙水"

（3）"跳跳糖"。这是一种被伪装为"跳跳糖"的毒品，它遇水即溶，冲水即饮，与各种饮品混合后，口味不发生变化，甚至香味相似，但后劲很强，喝一次就会让大脑在两天内都处于兴奋状态。

"跳跳糖"包

（4）"巧克力"。毒品"巧克力"在世界各国均有发现，多通过邮寄、快递等物流贩运，其中掺杂可卡因、大麻等。

"巧克力"

（5）"果冻"。近年来，不法分子将毒品制作成果冻状的半透明体，其主要成分为各种新精神活性物质。

"果冻"

（6）"茶叶"。实为恰特草，俗称阿拉伯茶，形似茶叶或青菜，极具迷惑性。叶子含有兴奋物质卡西酮，对人体中枢神经具有刺激作用，长久嚼食会染癖成瘾。

恰特草

（7）"干花"。"干花"其实是大麻类毒品的替代品。制毒者把 K3（一种合成医药中间体，也是类大麻活性物质）稀释后浸泡在花叶上，然后将其晒干。"干花"具有非常大的欺骗性，使人不知不觉上瘾。

"干花"

（8）"邮票"。这是一种被伪装成"邮票"的毒品，上面附着了化学合成的强效致幻剂。这种毒品只需很小的剂量就能使人产生强烈的幻觉。

"邮票"

以上介绍的都是经过伪装的毒品，不法分子在引诱他人吸食时还会宣称这些都不是毒品，不会成瘾，仅仅是让人兴奋，不会对身体有害，殊不知这些物品中含有各种合成毒品或多种毒品混合物。多种药理作用相似或相反的毒品混在一起，使用后对身体的伤害难以估计，极可能因药效加剧直接致死。

 **实战演练**

火眼金睛

同学们，你能识别出鸦片、大麻、吗啡、海洛因、可卡因、冰毒、麻古、摇头丸、氟硝西泮、氯胺酮等毒品，并将它们分类吗？

（教师准备好上述毒品的图片，附上简单的文字描述，随机展示出来，请同学们说出毒品的名称和类别。能识别出十种毒品的同学可以获得"火眼金睛"称号。）

【小结】

毒品通过各种渠道、变换各种包装出现在我们的周围，我们必须牢固掌握毒品知识，识别出它们的真面目，绝不让它们有机可乘！

第二课
毒品 = 毁灭

　　青少年一旦染上毒瘾，身体上、精神上都会对毒品产生强烈依赖，容易患上疾病，或出现一系列神经、精神问题，导致学业荒废，成为家庭和社会的寄生虫，甚至坠入犯罪的深渊。

一、毁灭自己

　　在某省登记在册的5万名合成毒品的吸食者中，就有2万多名患有程度不同的精神障碍，其中有80%的类精神病患者，他们在戒断10年后仍会复发。

　　戒毒学员王力（化名），26岁，从贫苦的山村到城市打工，因吸食冰毒，入所时已出现严重的精神障碍，平时必须有学员对他进行24小时的陪护。他身边的学员稍稍说一些与他相关的话，他都会产生特别极端的情绪反应，不是歇斯底里地喊叫，就是暴力攻击他人或自残，完全控制不了自己的情绪。王力平时很难与人交流，什么都不记得，说不出几句话。夜里，他也非常难入睡，而且老是做噩梦。对于王力这样的情况，戒毒所目前也只能在平时设法规范他的行为，矫正他的不良习惯，但要完全治愈他，还是非常困难。

　　26岁，多好的年纪，而王力却整日浑浑噩噩，什么都想不起来了。合成毒品几乎夺去了他的所有，让本该拥有美好未来的他整日与暴躁、焦虑、妄想、痴傻、癫狂相伴。

　　👉 毒品会对人体造成哪些伤害？

　　毒品对人类最直接的危害，就是对身心健康的摧残。吸食毒品成瘾后，吸毒者获得的快感只是短暂的，更长的时间是在身心的极度痛苦中煎熬。毒品对身心健康的伤害是极其严重且不可逆的。

（一）吸毒破坏正常生理机能

（1）毒品损害人的心脑血液循环和微循环系统的功能。以海洛因为例，吸食者常常出现心脏传导阻滞、心律不齐、心动过缓等症状，发病时汗毛直立、发冷、起鸡皮疙瘩、奇痒难耐。

（2）吸毒容易引起急性中毒。随着对毒品耐受性的增加，吸毒者的毒瘾会越来越大，需要不断加大剂量。如果用量超过了人体承受力，就会引起急性中毒，出现心律失常和缺氧，如抢救不及时就会死亡。

（3）吸毒导致免疫力下降，百病丛生。吸毒者由于免疫力下降，加上醉生梦死，生活极不规律，吸毒方式五花八门，所以极易感染各种疾病。吸毒引起的疾病主要有以下类型：

①慢性咽喉炎、气管炎、哮喘、肺炎、肺气肿、肺栓塞、肺结核；

②胃炎、消化道损伤、各种传染性肝炎；

③脑血栓、大动脉栓塞、脉管炎、心内膜炎、败血症；

④心理障碍、癫痫、精神失常；

⑤糖尿病、淋巴结结核；

⑥肾炎、肾衰竭；

⑦关节炎症和损害、骨质疏松；

⑧性功能障碍、性病、艾滋病等。

（二）吸毒导致精神障碍、性格扭曲

毒品损害人的大脑和中枢神经系统。吸毒的人往往注意力不集中、反应迟钝、失眠易怒、性情粗暴，有的还会导致人格障碍。毒品造成的身体和精神依赖，使吸毒者对毒品产生一种难以克制的强烈追求的欲望，迫使他们不断大量地获取和吸食毒品，使他们沉溺于无法自拔的恶性循环中，越陷越深。

长期吸食毒品所产生的心理疾病症状表现与偏执型精神分裂症相似，会出现幻觉、敏感、多疑、偏执、被害妄想、夸大妄想、自伤和伤人等情况，个别吸食者甚至有躁狂表现。吸食者神色紧张，对周围表现出畏惧感，惶惶不安，自我约束力下降，具有暴力攻击倾向，一旦不加以控制，极易出现自杀和暴力攻击、性侵害、抢劫等行为，成为社会治安隐患。

吸毒者长期吸食毒品还会出现反应迟钝、头痛头晕、心悸气怠、全身难受、心境恶劣、焦躁激动、高度疲劳、精神抑郁等现象，有的甚至会出现胡言乱语等症状，严重者会导致精神失常，进而导致人格变异，主要表现为不思进取、懒惰、自卑、过度敏感、易躁易怒。大多数吸毒成瘾者心情苦闷、性格扭曲、意志消沉、人格变异、偏执、心胸狭窄、行事孤僻、人际关系破裂，以至于对生活失去兴趣，进而走向死亡。

（三）吸毒彻底毁灭人生

【探究学习】

男子蔡阳（化名），44 岁。20 多年前，蔡阳骑摩托车时把手摔断了，有个朋友推荐他在香烟里加点"神奇的东西"，说吸后马上可以止痛。他虽然根本不相信有这么神奇的东西，但是出于好奇，就尝试了。20 世纪 90 年代初，人们的防毒知识匮乏，见到毒品也不知道是什么。蔡阳吸完之后，一开始感到晕乎乎的，后来就体验到了排山倒海的快感，也将自己引入了一条万劫不复的道路。

蔡阳从小家庭经济条件优越，长大后父母也给他安排了一个好工作，可惜一切都因为吸毒毁了。他从最开始的吸食毒品到后来的注射毒品，花费也从以前的一天 100 多元变成了 1800 多元。

他统计了一下，吸毒已经花了几百万元。他自己没钱吸毒时，已经快戒掉了，刚好自己的房子拆迁，拿到 100 多万元的补偿款，又遇到吸毒的朋友，于是再次吸了毒。他每次都想再吸最后一次就坚决不吸，但一次又一次，一直戒不掉。如今，家人都已经放弃了他。父母伤心透顶，加上年事已高，也不管他了，任由其自生自灭。如今的蔡阳孑然一身，形影相吊。

每当毒瘾发作时，他总感觉有猫爪子在心里狠狠地抓，难受到躺在床上不停用头去撞床板。他说："如果能不接触毒品，我愿意少活 50 年。"

👉 为什么选择毒品就是选择了自我毁灭？

据《国际禁毒蓝皮书：国际禁毒研究报告（2019）》资料显示，在 2016 年的 2.75 亿吸毒者中，有 3050 万是较为严重的毒品成瘾者和依赖者。

全球因吸毒而导致死亡的人数一直居高不下。据世界卫生组织报告，2015 年大约有 45 万人因吸毒死亡，其中因过量吸毒致死的人数就高达 16.78 万例，因吸食鸦片类毒品致死人数占 76%，而这一数字在 2000 年仅为 10.5 万例。

全球疾病负担研究最新公布的数据显示，因吸毒致死的人数在 2017 年增加至 58.5 万人，10 年间增加了 27.6%。研究注意到，因吸食鸦片类毒品致死人数达 11 万例，仅次于丙型肝炎引起的肝硬化和其他慢性肝病（17.5 万例）以及丙型肝炎引起的肝癌（12.7 万例），成为位列第三的死亡原因。特别值得关注的是，因吸毒致死者的平均年龄为 37 岁，其峰值是 30~34 岁，而作为最主要"杀手"的丙型肝炎，其患者的死亡年龄在 55~59 岁。

2000 年至 2015 年，全球因吸毒直接导致的死亡人数增加了 60%。2000 年，50 岁以上因吸毒致死的人占总死亡人数的 27%，但 2015 年上升到 39%。

吸毒人群的平均寿命较正常人群短 10~15 年，25% 的吸毒成瘾者在开始吸毒 10~20 年后死亡。

"一日吸毒，终生戒毒。"这绝对不是危言耸听。以上的数据告诉我们，选择了毒品就是选择了自我毁灭，不去接触毒品才是人生正确的选择。蔡阳的经历，我们都要引以为戒。

二、祸及家庭

【探究学习】

在外人看来，王某是幸福的，妻子贤惠，儿子小雨（化名）又乖巧懂事，王某的父母帮忙照顾一家人的饮食起居。但实际上，王某是一个有近 10 年毒龄的瘾君子。长期吸食冰毒导致他性格抑郁，脾气暴躁，与家人关系紧张。

2017 年 2 月 18 日、19 日、20 日，毒瘾发作的王某连续吸了 3 天毒，20 日还在网吧通宵玩网络游戏。21 日凌晨，王某离开网吧回家，回家时动静比较大，将家人吵醒了，王某母亲便来到王某房间呵斥他。听见母亲的呵斥声，王某耳边响起了网络游戏里的提示音："开始人类清除计划！杀人游戏开始！"王某按照幻听里的指示音，跑到厨房拿起一把刀朝母亲身体左侧的颈部划了过去，因为用力过大，刀柄和刀身都分开了。王某母亲受伤后往楼下跑并求救，王某父亲听到求救声后，从房间跑出来，斥责王某没有人性。沉浸在网游幻觉中的王某，根本不知道所谓的"敌人"就是父母，又找来一把刀将父亲的手部和脸部划伤。过了一会儿，王某的妹妹赶了过来，质问王某怎么做出这样荒唐的事情，王某便将妹妹的右脸颊划伤，王某妹妹挣脱逃跑了。

这时，王某听到儿子小雨的哭声，他拿起客厅茶几上的水果刀走向卧室。看到儿子，王某继续产生幻觉，要"执行人类清除计划"，于是他用刀割向儿子的颈部，随后又在儿子身上捅了几刀。而后，王某离开家来到外面的马路上，直至被警察抓获。

事发时，王某的妻子并未在家，但后来因为承受不了打击，精神近乎崩溃。毁掉这原本幸福一家的罪魁祸首，就是毒品。

👉 吸食毒品，会给家庭带来怎样的灾难？

吸毒对家庭的危害，可以用"家破人亡"四个字来概括。家庭中只要出现一个吸毒者，厄运便从天而降。

（一）吸毒会耗尽家财

吸毒要挥霍大量的钱财，一天少则几十元，多则几百甚至上千元。同时，吸毒者的身心会受到严重摧残，丧失劳动能力，需要依靠家人供养，这必然给家庭造成沉重的经济负担。这样入不敷出的状况，无论什么样的家庭都会被弄得倾家荡产，甚至家破人亡。

吸毒者如同活性极强的病毒，无时无刻不在传染和影响周围的人，而直接受害者便是自己的亲人。一个家庭中往往因一人吸毒而发展成多人吸毒，甚至举家吸毒，家产变卖一空，最后四处借钱骗钱，铤而走险走上犯罪道路。

（二）吸毒使家庭破裂

吸毒会使人心理扭曲、精神颓废，或缺乏对家庭的责任和义务观念，或已无力承担其家庭职责，加之毒品对身心的侵蚀，容易使人产生幻觉或变得残暴，甚至丧失良知对亲人进行辱骂或殴打，往往引发家庭暴力与犯罪，导致家庭破裂。

毒品影响和改变人的正常生育功能，也会对孕妇和胎儿产生不利影响。孕妇吸食毒品容易使胎儿发生畸形、早死或死胎。有的父母吸毒后无心照顾和教育孩子，使孩子生活无着，疾病缠身；还有的将亲生骨肉抵押给毒贩子作为运毒工具，或在毒瘾发作时将孩子作为发泄对象。

三、危害社会

【探究学习】

2016 年 4 月 16 日正午，某市派出所两名协警巡逻时在一交叉路口发现一男子在机动车道上阻碍交通并挥舞菜刀，随后盘坐于机动车道上。两名协警在劝离该男子的过程中，该男子突然从上衣里掏出菜刀追砍协警，并将其中一名协警砍伤。此时，派出所民警到达现场处置，在鸣枪示警无效后，遂果断开枪将该男子击伤。该男子中弹后抢夺一路人电动车逃窜，后被民警和协警制服。随后，120 急救车赶到，确认该男子已死亡。经调查，该男子在案发前曾吸毒。

👉 吸毒人员的自我毁灭，对社会、对国家意味着什么？

吸食毒品不仅危害个人和家庭，还会给社会带来严重的危害，导致社会风气败坏，危害国民经济发展，诱发各种犯罪，危害社会公共安全。

（一）吸毒诱发犯罪，危害社会治安

吸毒与犯罪是一对"孪生兄弟"。吸毒者需要大量的钱财，弄得倾家荡产后，便不择手段地向亲友借钱，继而铤而走险，进行抢劫、偷盗、诈骗、贪污、卖淫等违法犯罪活动，这是大多数吸毒者的必由之路。吸毒已成为诱发犯罪、危害社会治安的根源之一，给社会治安带来极大的威胁。

从 2015 年的一组数据来看，当年全国报告发生因滥用毒品导致暴力攻击、自杀自残、毒驾肇事等极端案件 336 起，查获涉案吸毒人员 349 名；破获吸毒人员引发的刑事案件 17.4 万起，占刑事案件总数的 14%，其中抢劫、抢夺、盗窃等侵财类案件 7.2 万起，杀人、绑架等严重暴力案件 716 起。全国每年因吸毒造成的直接经济损失及禁毒相关投入超过万亿元，相当于一个中等省份的年地区生产总值。

从吸毒者本身来看，在毒品的作用下，他们可能产生妄想、幻视、幻听，伴随暴力行为，吸毒后伤人、吸毒后驾驶肇事等事件屡见不鲜，严重威胁社会公共安全。吸毒者为获取毒资而走上盗窃、抢劫等违法犯罪道路；吸毒后易行为失控，导致暴力犯罪。毒品消费促进制毒贩毒行为，

破坏社会稳定和正常的经济秩序。

（二）吸毒危害国民经济的发展

吸毒者为了购买毒品花费大量的资金，这不仅消耗家庭财富，而且也让社会财富受损。毒品使全世界每年数千亿美元化为灰烬。在我国，吸毒贩毒问题造成的损失相当惊人。根据《2014年中国毒品形势报告》，截至2014年，我国累计发现、登记吸毒人员295.5万名，按国际惯例估算，实际吸毒人员可能超过1400万。到2016年，每年消耗毒品总量近400吨，因毒品而消耗的社会财富超过5000亿元。

此外，为了帮助吸毒人员戒毒，国家需要建立专门的戒毒机构，培养专门的工作人员，购买一系列设备及药物，这也要消耗大量的人力与财力。目前因毒品造成的损害和戒毒所需要的巨额经费对于发展中国家来说是沉重的负担。

青少年本是未来从业大军当中重要的成员，但少数青少年在染上毒品之后，不仅失去劳动力，而且还需要消耗大量的社会资源用于吸毒，这也会给国民经济发展造成不小的损失。

（三）吸毒败坏社会道德风尚

毒品在残害人身体健康的同时，也会给人类带来"灭种"的潜在危机，让一个国家积贫积弱。历史上，毒品曾给中华民族带来深重灾难。自19世纪30年代起，随着鸦片大量流入中国，当时的许多达官贵人和普通百姓都成为鸦片的奴隶，严重削弱了中国的社会生产力和军队的战斗力。

从某个角度来看，毒品问题的泛滥与道德风尚的败坏息息相关。有一部分人鼓吹吸食毒品的妙处，描述吸食毒品之后的感觉和状态，引诱无知者，特别是青少年，加入吸食毒品的行列。一定数量的吸毒者出现后，就会产生一种极其危险的风气：视吸食毒品为荣、崇尚吸食毒品。正是这种风气腐蚀着人们的灵魂，破坏着整个社会的道德风尚。一个国家如果不能有效地遏制毒品的违法犯罪行为，其国民的健康必将得不到保障，国民的综合素质也必然会受到严重影响。

四、认清诱惑的陷阱

【探究学习】

小宁是某市未成年人强制隔离戒毒所刚刚收治的吸毒少年，他第一次吸食冰毒是在一个朋友的聚会上。他说，他那些朋友在那个圈子里面都要吸毒，他们在任何场合都会吸毒，没办法拒绝。如果你拒绝了，别人看你的眼神就不一样，觉得你很"假"，都是出来一起玩的，还一个人"搞特别"。他还说，单独吸食起来很无聊，没那种感觉，就不想吸了；朋友多，吸起来摆下"龙门阵"，吸得很高兴，会兴奋得睡不着觉，随之就开始夜生活。

小宁也尝试过拒绝，可随即换来的是朋友们的孤立，僵持了一段时间觉得自己还是忍不住，就又去吸食了。

👉 我们身边有哪些毒品的诱惑陷阱？

生活中，毒贩为了诱惑他人吸毒，会编造和传播各种谎言，制造各种陷阱。他们为了引诱你吸毒，往往对你"动之以情"。我们必须提高警惕，科学、正确地认清毒品的危害，识破他们的谎言，保护好自己。

陷阱一：免费尝试，诱你上钩。

不法分子通常通过免费尝试的方式诱惑不吸毒的人，大部分吸毒者第一次吸食的毒品都是由其他吸毒人员或者毒贩免费提供的。一旦上瘾，就会被牢牢控制在他人手中，开始与他们交易。天下没有免费的午餐，诱惑面前不能贪图小利，要坚决拒绝。

陷阱二：吸毒时尚，流行高档。

毒贩利用一些人，特别是年轻人贪慕虚荣的心态，把毒品包装成社会时尚、上档次、奢华的象征，诱惑不明真相者沾染毒品。但毒品终究只会让人疾病缠身，精神崩溃，绝非奢侈和时髦的代表，不要因此走上不归路。

陷阱三：吸毒抗挫，解忧消愁。

毒贩为了引诱你沾染毒品，往往会贴心地与你聊天，假装关心你的生活，骗取你的信任，趁你在遇到挫折、情绪波动时，立刻向你推销毒品，称毒品可以解忧消愁。我们要正确看待生活中遇到的挫折，合理应对，科学调整情绪。靠毒品制造幻觉逃避挫折，只会让你遇到更多麻烦，而不是解脱。

陷阱四：吸毒减肥，治病奇效。

毒贩声称吸毒可以减肥、止痛治病，而通过前面的学习，我们已经知道吸毒不仅损害人的身体，还摧残人的意志，甚至使人丧命。吸毒成瘾后的"瘦"，只是器官受到大幅度损害而导致的形体枯槁，生机衰竭，是种病态。

陷阱五：都是朋友，不吸绝交。

当你拒绝吸毒时，毒贩或者其他吸毒者会采用激将法，指责你"不够朋友""不讲义气"，威胁你不跟着吸就绝交。请你记住，这些昧着良心拉你进入家破人亡境地的人，绝对称不上是朋友，我们要主动远离这些毒友。

陷阱六：吸毒无害，不会上瘾。

毒贩和其他吸毒者往往会告诉你只有传统的海洛因、鸦片才是毒品，谎称合成毒品不是毒品、不会上瘾。事实上，合成毒品的成瘾性更强，危害更大。无数吸毒者的亲身经历证明：一日吸毒，永远想毒，终生难戒毒。千万莫尝第一口！

五、正确应对人生困境和挫折

【探究学习】

2011 年 3 月 25 日晚 9 时，歌手谢某在某市一宾馆吸食毒品时被警方抓获。此前谢某已有过两次因吸毒被行政拘留的经历，而这一次谢某面临的是两年的强制隔离戒毒。谢某说因为吸毒，他现在的身体已经大不如前了。

2011 年 4 月 15 日晚，演员孙某及其女友、朋友等人在某饭店聚会时，因吸毒被警方查获。孙某透露，两次的婚姻失败让他感到挫败，便借吸毒来排解。"当时只是想给自己一些能量、给养。"他承认，自己吸食毒品已有 5 年，大麻、K 粉等毒品都尝试过。

2016 年 2 月 26 日 11 时 30 分，警方根据群众举报，将在某公寓内吸食毒品的傅某查获，同时抓获的还有另一名演员黑某以及傅某的妹妹。经审查，傅某尿检呈冰毒阳性，其本人对容留他人共同吸食毒品的违法犯罪行为供认不讳。

2018 年 11 月 26 日，公安机关根据群众举报，将涉毒歌手陈某抓获，现场起获冰毒 7.96 克、大麻 2.14 克。经尿检，陈某呈冰毒类和大麻类阳性。陈某因吸毒、非法持有毒品被行政拘留。

减压、好奇、应酬、攀比、寻找灵感，明星们吸毒的借口各种各样，而他们作为公众人物带来的社会不良效应更是可怕，不少崇拜者也因模仿他们而沾染上毒品。

19岁的小翟在四年前了解到自己崇拜的某位明星吸毒。当时，他觉得明星是公众人物，是大家关注的对象，他们去尝试了，自己也想去试试，就学着尝了几口，结果染上了毒瘾。

以上第一个案例中的歌手谢某曾说，他在毒品问题上真的是很失败，千万不要有人去模仿他，如果他知道有年轻人模仿过他的吸毒行为，他会觉得罪孽深重。他还说："如果你是一个蠢材的话，不可能吸完毒你就成为一个精英，这个绝对不可能的，我这么多年还真的没听说过哪本书、哪首歌或者哪个影视作品是在毒品的作用下完成的。"

👉 面对那些可能会导致吸毒的困难、挫折以及诱惑，我们应该怎么做，才能坚定地对毒品说"不"？

困难、挫折、诱惑或自信不会上瘾，都有可能成为青少年吸毒的原因。为此，我们应该如何正确面对所遇到的这些困境，避免在困境中受到毒品的诱惑呢？

（1）一个人内心强大才是真正的强大。当你面临困境时，一定要告诉自己，人生没有过不去的坎；当你的压力来自父母过多的期望时，你可以跟父母交流，让父母了解你的真实状态；当你的压力来自繁重的学业时，你可以参加一些有益身心的文体活动，做到劳逸结合；当你面临就业的压力时，你可以告诉自己，每一位成功者都是不断地从失败和挫折中走出来的，只要有坚强持久的意志和足够的努力，你也可以获得成功。

（2）内心的强大不等于盲目自信。任何人在毒品面前都要保持足够的清醒，千万不要尝试第一口。即使是在不知情的情况下吸食了第一口，也坚决不再吸食第二口！除了从心理上把好关，日常也要养成良好的生活习惯，把毒品拒之门外，养成不抽烟不喝酒的好习惯，因为别人递给你的烟可能不是正常的香烟，有可能是大麻烟；别人递给你的酒，有可能掺杂了毒品"神仙水"，而酒精会加速毒品毒性的发挥，饮用后可能会导致死亡。

（3）不去娱乐场所，一旦发现去的是吸毒的场所，要想办法离开，并在保证自身安全的情况下报警。

（4）敢于对引诱你吸毒的朋友说"不"。真正的朋友是人一生当中最重要的财富，但如果你的朋友已经染上毒瘾，并且不听你劝解，仍旧坚持吸毒，还引诱你一起吸食。面对这样的朋友，你应该坚定地对他（她）说"不"。这个"不"包含两个意思——不吸食毒品和不再做朋友，因为真正的朋友，不会诱惑你去干违法犯罪的事情。

（5）不断提高科学文化水平。人的知识水平越高、法律知识越丰富，精神世界就会越丰富，对人的行为的法律意义就理解得越深刻。这时，人才可以在思想上自觉接受国家法律的指导和约束。人的精神世界丰富了，就不容易感到空虚，在许多时候就懂得排解自己的负面情绪。因此，同学们应该努力学习科学文化知识，提高自己的认知水平，树立正确的人生观，培养高尚的道德品质，增强守法观念，自觉遵守法律，抵制违法犯罪行为。

【小结】

如果你的朋友告诉你吸毒可以减肥，劝你尝试，你一定要拒绝，要知道吸毒最终会导致生命消逝。如果你想变得帅气，就多阅读，尝试一门艺术或一种运动，泡酒吧、网吧和吸毒并不是什么帅气的事情。与朋友聚会时，警惕陌生人的香烟、食物和饮料。朋友吸毒并劝你尝试，如果你觉得拒绝可能会遭到殴打，那么就找个借口离开。千万不要相信"尝一尝不会上瘾"，这是谎言，他们很可能就是上当了才沦陷其中。智慧和冷静是保护自己最有利的武器。

同学们，我们对未来都有一个美好的憧憬，并为之努力奋斗着。在追逐美丽梦想的征途上，我们要坚决抵制毒品的侵扰，勇敢地向毒品说"不"，绝不允许毒品摧毁我们的身体和意志，绝不允许毒品毁灭我们的人生。

第三课
树立禁毒意识

　　禁毒，主要是指预防和惩治毒品违法犯罪行为，包括禁止吸食、注射毒品，通过强制手段制止、打击走私、贩卖、运输、制造毒品，以及非法种植毒品原植物、非法持有毒品等不法活动。简单地说，禁毒就是禁吸、禁贩、禁种、禁制。我们树立禁毒意识，要坚持"四禁"并举，才能对毒品犯罪进行全面彻底的根除。

2015 年 11 月，澳大利亚联邦警察局、中国国家禁毒委员会共同成立了"火焰"缉毒队。"火焰"缉毒队近年来查获多宗毒品案件：2016 年，10 名中国人走私 186 千克毒品到澳大利亚，估计价格为 6000 多万元；2017 年，警方在悉尼逮捕了 3 名男子，在中国逮捕了 2 名男子，5 名男子共同计划将 101 千克冰毒运输到悉尼；2018 年，澳大利亚警方在收到中国的情报后，在墨尔本缴获了 1 吨多的麻黄素。

"火焰"缉毒队至今已经阻截了 22 吨毒品进入澳大利亚社区，其中有 8 吨冰毒、1.6 吨摇头丸、1.5 吨可卡因，还有 10 多千克海洛因。同期中国方面截获了 9 吨毒品和制毒原料，包括约 4.7 吨晶体冰毒、15.9 千克液体冰毒、1.7 吨摇头丸、68 千克可卡因、10 千克海洛因。

中国和澳大利亚一直致力于合作打击毒品犯罪，澳大利亚联邦警察局还计划将此次联合行动延长到 2020 年。

联合国自 1945 年成立后，虽然在许多重大问题上争论不休，但在对待毒品问题上却难得是一致的，从亚洲到欧洲，从非洲到美洲、大洋洲，从联合国到众多国际组织，从超级大国到各个小国，不同政治制度的国家，不同意识形态的社会，不同经济发展水平的地区，不同种族、不同肤色，无不先后行动起来，结成"反毒统一战线"，对于有关反毒品的议案、提案、决议和声明等，各成员国异口同声、一致赞同，这在联合国历史上是罕见的。

☞ 以上案例说明了什么问题？毒品在全球肆虐的情况，你了解多少？中国毒品形势，你又了解多少？

一、全球毒品现状

毒品是人类社会的公害。在《2019年世界毒品问题报告》中，根据联合国毒品和犯罪问题办公室的估计，2017年，约有2.71亿人在上一年使用过毒品，占全球15~64岁人口的5.5%，使用毒品的人数比2009年多30%。全球使用最广泛的毒品仍然是大麻，估计2017年有1.88亿人使用过大麻。全球阿片类药物使用者为5300万人，比先前的估计增加了56%。2017年，全球有数百万人注射毒品，其中140万人感染艾滋病毒，560万人患有丙型肝炎。2017年因吸毒死亡的58.5万人中有三分之二是使用阿片类药物导致。

【拓展链接】

美国是世界最大的毒品消费国，全世界生产的毒品有60%以上输往美国。2018年的普利策奖授予了一篇揭露美国毒品泛滥问题的报道《毒品每16分钟就杀死一个美国人》，它揭露了一个个被毒品毁掉的美国家庭的故事，以及背后让人毛骨悚然的社会顽疾。记者用7天记录了辛辛那提海洛因泛滥现状，也反映了美国整体的毒品泛滥问题。

辛辛那提的7天

星期一　20人摄入过量毒品，4人死亡

星期二　18人摄入过量毒品，2人死亡

星期三　25人摄入过量毒品，3人死亡

星期四　33人摄入过量毒品，1人死亡

星期五　27人摄入过量毒品，3人死亡

星期六　31人摄入过量毒品，0人死亡

星期日　26人摄入过量毒品，5人死亡

二、中国毒品形势

《2018年中国毒品形势报告》中显示，2018年，我国共破获毒品犯罪案件10.96万起，抓获犯罪嫌疑人13.74万名，缴获各类毒品67.9吨；查处吸毒人员71.7万人次，处置强制隔离戒毒27.9万人次，责令社区戒毒、社区康复24.2万人次。

2018年，中国现有吸毒人数占全国人口总数的0.18%，首次出现下降。尽管中国治理毒品滥用取得一定成效，但合成毒品滥用仍呈蔓延之势，滥用毒品的种类和结构发生新变化。

毒品滥用人数增速减缓，但规模依然较大，新增吸毒人员减少。在240.4万名现有吸毒人员中，滥用冰毒人员135万名，占56.1%，冰毒已取代海洛因成为我国滥用人数最多的毒品；滥用海洛因88.9万名，占37%；滥用氯胺酮6.3万名，占2.6%。大麻滥用继续呈现上升趋势，截至2018年底，全国滥用大麻人员2.4万名，同比上升25.1%，在华外籍人员、有境外学习或工作经历人员，以及娱乐圈演艺工作者滥用出现增多的趋势。

混合滥用合成毒品和阿片类毒品交叉滥用情况突出，截至2018年底达31.2万名，同比上升16.8%，占现有吸毒人员总数的12%。2018年，全国查获复吸人员滥用总人次50.4万人次，其中滥用合成毒品28.9万人次，占总数的57.3%；滥用阿片类毒品21.2万人次，占总数的42.1%。

三、毒品的产地

毒品的产地遍布全球，东有金三角、金新月，西有白三角和黑三角。东半球是以生产鸦片和海洛因为主，西半球则主要生产大麻和可卡因等。

金三角地处东南亚，缅甸、泰国、老挝三国边境交界处呈三角形，加之盛产鸦片，聚集了大量资金，故得此名。金三角占地约16万平方千米，紧邻湄公河，雨量充沛，四季如春，在这里开满了一望无边的罂粟花。金三角每年生产数千吨鸦片烟和精制提纯的海洛因，几乎占世界毒品产量的70%。1996年以后，尽管金三角最大的毒枭坤沙已向缅甸政府缴械投降，但金三角毒品的年产量仍然居高不下。金三角依然是世界最大的毒源地。

金新月横跨巴基斯坦、阿富汗和伊朗，是位于欧洲、亚洲、非洲三大洲的边缘地带，当地生产的鸦片和海洛因产量仅次于金三角。金新月的毒品走向几乎是全方位的，这些毒品兵分三路：一是从南路经巴基斯坦、印度流向日本和北美地区，二是从西路经伊朗等沿海国家和土耳其流向西欧地区，三是从北路经塔吉克斯坦、乌兹别克斯坦和土库曼斯坦等中亚国家流向俄罗斯和东欧地区。金新月是新的世界毒源地。

白三角地处拉丁美洲，包括哥伦比亚、玻利维亚、秘鲁、墨西哥和牙买加，它又有"第三毒源"之称，是继金三角、金新月之后新兴的世界第三毒品基地。其中，哥伦比亚、玻利维亚和秘鲁三国生产的可卡因几乎垄断了全美国的毒品市场。白三角又有"银三角"之称。

黑三角是近年来在非洲发现的一个毒品基地，包括尼日利亚、加纳、肯尼亚、苏丹和南非五国的边境地带，它的主要毒品种类是大麻。此外，非洲还是世界毒品贩运的主要中转站。

四、毒品犯罪

毒品犯罪是指违反禁毒法律法规，破坏禁毒管制活动，具有严重社会危害性，应受刑事处罚的行为。我国已经制定了一系列法律法规来规范和惩治毒品违法犯罪行为，主要有《中华人民共和国刑法》、《中华人民共和国禁毒法》、《中华人民共和国药品管理法》、《中华人民共和国治安管理处罚法》《戒毒条例》（2011 年 6 月 26 日国务院令第 597 号公布）、《公安机关强制隔离戒毒所管理办法》（2011 年 9 月 19 日公安部部长办公会议通过）、《麻醉药品和精神药品管理条例》（2005 年 8 月 3 日国务院令第 442 号公布）、《易制毒化学品管理条例》（2005 年 8 月 26 日国务院令第 445 号公布）。

根据国家制定的相关法律法规，下列行为都会触犯法律，并被追究相应的法律责任与处罚。大家一定要记牢了，做到知法守法，拒绝毒品！

1. 走私毒品

指违反毒品管理法规，逃避海关监管，非法运输、携带、邮寄毒品进出国（边）境的行为。根据走私数量的多少以及犯罪情节的严重性，处以有期徒刑、无期徒刑、死刑、没收财产等。

2. 贩卖、运输、制造毒品

指违反毒品管理法规，贩卖、运输、制造鸦片、海洛因、甲基苯丙胺、吗啡、大麻或者其他毒品，是违反国家禁毒管制的行为。根据贩卖、运输、制造毒品数量的多少以及犯罪情节的严重性，处以有期徒刑、无期徒刑、死刑、没收财产等。

3. 非法持有毒品

指违反毒品管理法规，非法持有一定数量毒品的行为。根据非法持有毒品数量的多少以及犯罪情节的严重性，处以有期徒刑、无期徒刑、拘役或者管制，并处罚金。

4. 包庇毒品犯罪分子

是指明知是走私、贩卖、运输、制造毒品的犯罪分子，而为其进行窝藏或者帮助掩盖其罪行，以逃避刑事处罚的行为。构成犯罪的，依法追究刑事责任；尚不构成犯罪的，依法给予治安管理处罚。

5. 窝藏、转移、隐瞒毒品、毒赃

指明知是毒品或者毒赃，而为毒品犯罪分子藏匿、转移、隐瞒的行为。处3年以下有期徒刑、拘役或者管制；情节严重的，处3年以上10年以下有期徒刑。

6. 走私制毒物品

指违反国家有关法律规定和海关法规，逃避海关监管，非法运输、携带醋酸酐、乙醚、三氯甲烷或其他可用于制造毒品的原料或配剂进出国（边）境的行为。处罚金、拘役、管制、有期徒刑。单位犯该罪的，对其直接负责的主管人员和其他直接责任人员按同一规定处罚，对单位判处罚金或予以罚款。

7. 非法生产、买卖制毒物品

指违反国家有关管理法规，非法生产、买卖醋酸酐、乙醚、三氯甲烷或者其他可用于制造毒品的原料、配剂，情节较重的，处3年以下有期徒刑、拘役或者管制，并处罚金；情节严重的，处3年以上7年以下有期徒刑，并处罚金；情节特别严重的，处7年以上有期徒刑，并处罚金或者没收财产。单位犯罪的，对其直接负责的主管人员和其他直接责任人按同一规定处罚，对单位判处罚金或予以罚款。

8. 非法种植毒品原植物

指违反国家法律法规中的有关规定，未经国家主管部门批准，私自种植罂粟、大麻等毒品原植物的行为。非法种植罂粟、大麻等毒品原植物的，一律强制铲除；依据非法种植数量，处有期徒刑、拘役或者管制，并处罚金。收获前自动铲除的可免于处罚。

9. 非法买卖、运输、携带、持有毒品原植物种子、幼苗

指违反国家对毒品原植物种植的管理法规，非法买卖、运输、携带、

持有未经灭活的罂粟等毒品原植物种子、幼苗的行为。数量较大的，处3年以下有期徒刑、拘役或者管制，并处或者单处罚金。

10. 强迫他人吸毒

指违背他人意志，使用暴力、胁迫等手段，迫使他人吸食、注射毒品的行为。处3年以上10年以下有期徒刑，并处罚金。强迫未成年人吸食、注射毒品的，从重处罚。

11. 容留他人吸毒

指行为人利用自己的住房或者其他场所，召集、收留他人吸食、注射毒品，并从中牟取非法利益的行为。处3年以下有期徒刑、拘役或者管制，并处罚金。

12. 非法提供麻醉药品、精神药品

指依法从事生产、运输、管理、使用国家管制的麻醉药品、精神药品的单位和个人违反国家有关规定，向吸食、注射毒品的人提供国家规定管制的能够使人形成瘾癖的麻醉药品、精神药品的行为。依照犯罪情节和毒品品种，处3年以下有期徒刑或者拘役，并处罚金；情节严重的，处3年以上7年以下有期徒刑，并处罚金。

13. 吸食毒品

吸毒是违法行为，吸食、注射毒品的，依法给予治安管理处罚。吸毒人员主动到公安机关登记或者到具有戒毒治疗资质的医疗机构接受戒毒治疗的，不予处罚；吸毒成瘾的，公安机关可以责令其接受社区戒毒，其中对于吸毒成瘾严重，通过社区戒毒难以戒除毒瘾的人员，公安机关可以直接做出强制隔离戒毒的决定。

近年来，公众人物吸毒事件时有发生，不仅毁了他们自己的前途，也给社会带来负面影响。对待这些新闻，我们不能只当作娱乐八卦，而应该引以为戒。

【拓展链接】

公众人物吸毒的警示

2014 年 8 月 14 日，经群众举报，某市警方在某城区将艺人房某、柯某、常某等涉毒人员查获，现场在房某住所缴获毒品大麻 100 余克，房某、柯某对吸食大麻的事实供认不讳。房某因涉嫌容留他人吸毒罪被刑事拘留，柯某因吸食毒品被行政拘留 14 天。2014 年 8 月 17 日，该事件经网络曝光。2014 年 8 月 19 日晚，中央电视台《焦点访谈》节目中，证实房某已有 8 年吸毒史，柯某则有 2 年吸毒史。2014 年 9 月 17 日，某地人民检察院以涉嫌容留他人吸毒罪对房某批捕。同在一起吸食毒品，为什么在法律上处理的方式不同？

柯某吸食毒品，属于违法行为，由公安机关处以 10 日以上 15 日以下拘留，可以单处或者并处 2000 元以下罚款，并没收吸毒工具。吸食、注射毒品成瘾的，还应予以强制隔离戒毒。

房某吸食毒品，且涉嫌容留他人吸毒，刑法规定只要提供场所供他人吸食、注射毒品，且一次容留多人吸食、注射毒品，要处 3 年以下有期徒刑、拘役或者管制，并处罚金。

学界公认青少年沾染毒品一般有五种原因：好奇心理、炫耀心理、交友不慎、缺乏对毒品危害的认识和家庭环境影响。而从警方披露的情况来看，柯某与房某的案件几乎囊括了上述五种原因。第一，据柯某交代，他初涉毒品时才 20 岁左右，是看到别人吸毒后自己才开始吸的，这里面肯定有好奇心的驱使；第二，作为明星，柯某、房某二人身上有着耀眼的光环，觉得吸毒是一件很酷的事情，甚至还会举行与毒品有关的聚会；第三，交友不慎在柯某与房某二人身上体现得尤为明显；第四，柯某虽曾参与拍摄禁毒宣传片，担任过禁毒大使，但从其供述中能看出，他对毒品的危害仍缺乏充分认识；第五，案件曝光之初，有媒体报道，柯某父母对其管教原则竟然是"只管钱，只要不坐牢就行"，这种过于放纵的家庭教育，与柯某最终染上毒品有很大关系。至于房某，他吸毒8年之久，其父亲竟然毫不知情，也可见其家庭教育存在严重缺陷。

2014年12月25日晚，歌手尹某因涉毒被警方抓获，现场起获冰毒10余克。2015年1月7日，经某地人民检察院依法审查，以涉嫌非法持有毒品罪对尹某批准逮捕。2015年2月12日下午，某地人民检察院以涉嫌非法持有毒品罪对犯罪嫌疑人尹某提起公诉。2015年2月28日，尹某涉嫌非法持有毒品案在某地人民法院开庭审理。最终，法院以非法持有毒品罪判处尹某有期徒刑7个月，并处罚金2000元。

尹某吸食毒品，且涉嫌非法持有毒品。刑法规定，非法持有鸦片200克以上不满1000克、海洛因或者甲基苯丙胺10克以上不满50克或者其他毒品数量较大的，处3年以下有期徒刑、拘役或者管制，并处罚金；情节严重的，处3年以上7年以下有期徒刑，并处罚金。

2015年4月21日，新华社发布消息：某市市委副书记、市长龚某涉嫌吸毒，被公安机关正式立案调查，按程序免去龚某市委副书记职务。刚过不惑之年的龚某已经担任市长近4年，此前他的仕途一路平坦，并且声望较好，给人以开放和亲民之感。龚某是在认识一老板后开始吸食毒品的，刚开始时出于好奇，后来把毒品当作解酒和减压的"良药"而一发不可收拾，在毒品的诱惑下成了吸毒市长，最终吸坏了身体，吸垮了家庭，吸毁了前程。

五、禁毒从我做起

综上所述，只有加强禁毒意识，坚持开展禁毒工作，才能早日肃清毒品。然而却有人认为，禁毒仅是公安机关的事情，只要我不吸毒，禁毒便与我无关。事实真的如此吗？

如果你周围有人吸毒，你的身边就像躺着一头永远不睡觉的狮子，如果你无视这头狮子的存在，总有一天，你可能成为狮子的美食。同样，如果你自己染上毒瘾或者参与贩毒，你就是那头时时刻刻都可能给别人带来威胁的狮子，让人不得安宁，甚至祸害无辜。因此，面对毒品，人人都要有禁毒意识，都要主动参与禁毒。

（一）学习禁毒相关知识

（1）主动了解毒品常识，知道毒品危害，坚决杜绝毒品，不宣扬毒品的"好处"，对于身边吸毒的人或者进行与毒品有关违法犯罪活动的人，要及时劝解，并且报警。

（2）认真学习法律知识，知道吸毒、贩毒、制毒、种毒等行为都是违法犯罪行为。法律就是高压线，坚决不能触碰。

（3）自觉加强禁毒法规的学习，只有知法懂法，才能守法护法。明辨是非，增强对毒品的警惕性，做到不沾毒、不吸毒。只有掌握了法律武器，才能有效地投入禁毒斗争，为彻底消除毒品做出应有的贡献。

（4）努力学习科学文化知识，树立正确的人生观、世界观和价值观。不仅自己不吸毒，对于努力回归社会的戒毒人员，我们还应该尽可能地给予帮助。

（二）禁毒重在参与

《中华人民共和国禁毒法》第一章第三条规定：禁毒是全社会的共同责任。国家机关、社会团体、企业事业单位以及其他组织和公民，应当依照本法和有关法律的规定，履行禁毒职责或者义务。

禁毒是全社会的共同责任。我们作为社会一员，参与禁毒，义不容辞。

（三）禁毒政策知多少

1. 预防为主

通过各种途径让人们了解和认识造成毒品问题的基本原因和有关知识，提示毒品对个人、家庭、社会的巨大危害，提高全民尤其是青少年认识毒品、拒绝毒品的能力，构筑全社会防范毒品侵袭的有效体系。

毒品预防教育是禁毒工作的治本之策，是事半功倍之举。

同学们现在接受的就是毒品预防教育。同学们应该通过学习掌握一定的毒品常识，认识到当前毒品形势的严峻，具备一定的禁毒意识，并积极主动参加禁毒宣传活动，运用自己所学的知识来帮助更多的人。

2. "四禁"并举

"四禁"指的是禁止种植毒品原植物、禁止吸食毒品、禁止贩卖毒品、禁止制造毒品。

如果你发现以上违法犯罪行为，应该及时报警。如果你发现身边有人吸毒，应该告诉他吸毒是违法的并劝阻。我国有专门的自愿戒毒机构和强制隔离戒毒机构，吸毒人员应该前往戒毒。

3. 综合治理

国家会对毒品所引发的各种社会问题进行综合治理，比如进行禁毒宣传教育、吸毒戒治、打击毒品违法犯罪等。

毒品会引发各种社会问题，比如违法犯罪、对社会秩序和社会治安的破坏。对于毒品所引发的各种社会问题，需要不同领域的人共同努力。例如，医生可以运用自己的专业知识，向社会传播毒品常识，让更多的人了解毒品的危害，增强防毒、禁毒的意识，或帮助吸毒人员早日成功戒毒；心理咨询师可以帮助吸毒人员矫正吸毒心理，帮助他们早日回归社会；法官要秉公执法，对各种毒品违法行为公正审判，维护社会秩序和社会安宁。

（四）我国的禁毒法律法规

我国高度重视禁毒法制建设，坚持依法禁毒。针对不断蔓延的毒品问题，加快立法步伐，制定颁布了一系列法律法规，禁毒法制建设取得重大进展。目前，我国已初步形成了以刑事法律为主、行政法规和地方性法规相配套的禁毒法律体系，为开展禁毒工作提供了有力的法律保障。

我国现行禁毒法律法规主要有《中华人民共和国刑法》《中华人民共和国禁毒法》《戒毒条例》《中华人民共和国治安管理处罚法》。

我国相关法律规定：初次吸毒被查获的，给予治安处罚，包括罚款或拘留并处罚款；吸毒成瘾，责令社区戒毒，社区戒毒的期限是三年；不接受社区戒毒或者违反社区戒毒协议的，给予强制隔离戒毒。

（五）发现身边亲人或朋友吸毒怎么办

禁毒不是一句口号，禁毒意识不是毫无用处的存在。我们可以控制自己不接触毒品，如果发现身边的亲人或朋友吸毒，该如何把我们所学的禁毒知识运用起来呢？

戒毒机构相关的研究数据表明，多数吸毒者存在程度不等的人格障碍或心理障碍。吸毒之后，他们既是违法者也是受害者，往往变得更敏感、易激惹。一旦处理不当，非但不能把他们从"毒海"中拉回，反而会让他们更加义无反顾地投身"毒海"。因此，在劝阻吸毒的亲人或朋友远离毒品时，既要有真心，又要有策略。这样才能行之有效，事半功倍。

1. 不要一味批评指责，要多些包容

心理学研究表明，不论一个人是如何走上吸毒之路，他在某些时刻都会对自己的吸毒行为产生后悔心理，面对亲人或朋友时会心存歉疚。吸毒者的这种心理，本身就隐含着戒毒的积极因素，我们善加利用，对引导其戒毒大有好处。反之，如果我们一味批评、横加指责，不但容易让吸毒者在潜意识里产生"已为自己的错误行为付出代价了"的想法，消减其歉疚心理，而且还可能引发其抵触情绪，变本加厉地吸毒。因此，在发现亲人或朋友吸毒时，首先要做的就是多些包容、自我警惕、加强克制，不要一味指责其吸毒行为。

2. 帮助树立有毒必戒的决心

要帮助身边已经染了毒瘾的亲人或朋友，就要让他们认识到戒毒是一个痛苦的过程，同时让他们明白：戒毒越早，痛苦越小；戒毒越迟，痛苦越大，毒瘾越难戒除。戒毒虽然痛苦，却是短暂的，而不戒毒则痛苦一生。因此，绝不能因害怕暂时的痛苦而放弃戒毒，必须痛下决心，坚决戒断。

3. 寻求正规机构的帮助

要告诉吸毒人员，必须到正规戒毒机构接受戒毒治疗，不要自行戒毒。戒毒是一项复杂的系统工程，不能指望一夜戒断，更不能迷信游医巫师的偏方，否则，不仅浪费时间和钱财，还可能危及生命。

【小结】

同学们，在今天的课程中，我们了解了毒品在国内外肆虐的情况，也学习了关于禁毒意识、禁毒政策的一些知识。作为社会的一员，我们一定要牢记：禁毒，势在必行；禁毒，从我做起！

第四课
禁毒行动我先行

　　禁毒工作需要社会的每一个成员都参与其中。我们不但要了解和掌握禁毒的知识、懂得识别形形色色的毒品，还要远离毒品、拒绝毒品。作为高中生，我们也要逐步承担起更多的社会责任，参与禁毒行动。

一、娱乐场所暗藏的毒品风险

如果不是病例本上白纸黑字清楚地写着"双肾损害严重，膀胱开始萎缩"，真不敢相信小君是一名吸食K粉才几个月的瘾君子。

小君今年高三，父母为了督促其好好学习，将他从省城的普通学校转到老家的县级重点学校，原本以为他会好好学习，没想到却换来一场悲剧。

小君为人豪爽，在新学校很快交到一群新朋友。在朋友们带领下，小君学会翻墙离校，进出KTV、酒吧等娱乐场所。时间久了，小君发现这群朋友喜欢和社会上的人在一起吸食一种白色的粉末，他们告诉小君，这是好东西，能让人非常"嗨"。

很快，小君就在他们的不会上瘾、够"嗨"、没危害的诱骗下，学会吸食。当这些粉末从鼻孔吸入体内后，小君发现眼前的东西变得模糊扭曲，慢慢感受不到周边的人和事，仿佛天地间只有自己一人。

自从体验到吸毒的"快感"后，小君变得疯狂起来，吸食毒品的剂量经常是别人的数倍，吸食频率也越来越高。几个月后，他就开始出现尿频、尿急、尿痛的症状，甚至还尿血，人也变得有些神经质。他在一次过量吸食中晕厥倒地，被人送到医院抢救，父母这才知道自己的儿子在吸毒。

小君吸食的白色粉末就是毒品K粉，他在短短几个月时间里吸食的K粉就达到其他K粉吸食者几年的伤害程度，这无疑就是为疯狂吸食毒品所付出的惨烈代价。

👉 为什么青少年要远离娱乐场所？

娱乐场所一直是 K 粉、冰毒、摇头丸等毒品传播的主要阵地。当前，新型毒品也换着各种"马甲"在娱乐场所出没。而娱乐场所如酒吧、迪厅、KTV 等也是一些青少年喜欢光顾的地方，成为青少年最容易接触到毒品的场所。

娱乐场所是一个放松娱乐的地方，但这种放松娱乐通常是通过寻求某种刺激来实现的。一方面，一些新型毒品的贩卖者，往往会借助热烈、刺激的气氛向青少年推销毒品；另一方面，青少年在这种场合下，容易产生追求更强烈刺激的冲动，从而会比较容易接受毒品。以摇头丸为例，其产生的效力能够与蹦迪的疯狂动作结合起来，无论是从身体上还是精神上，都容易让人处于极度兴奋的状态，尤其使处于这样场合中的青少年受到感染。

一些追求刺激的青少年，在叛逆、好奇、冒险等心理作用下，常会尝试一些新事物，这无形中给毒贩制造了贩卖毒品的机会。由于阅历不够丰富，很多青少年都没有防人之心，而毒贩诱惑的手法隐蔽，可能在饮料里掺进毒品，并设法让人喝下。吸食者可能会在第一次或者最初几次体验到免费提供的毒品，在吸毒者染上毒瘾后，毒贩的真面目就会露出来，对吸毒者高价出售毒品。有新闻报道，印度尼西亚的一个舞厅老板在暑假不断为学生开办专场舞会，实则暗中在食品饮料中掺杂毒品。

因此，在娱乐场所中，千万别喝陌生人递过来的饮料，特别是要对那些奇怪的饮料提高警惕，以防被毒贩诱骗吸毒。如果发现跟平常喝的饮料有所不同，千万别再尝第二口。

二、游戏厅暗藏的毒品风险

【探究学习】

2013 年，徐某从家乡到外地与他人合伙开了一家游戏厅，开始时生意非常红火，但随着游戏厅数量增多，加之其经营不善，徐某的游戏厅生意越来越差。此时，徐某突然心生一计：给客人提供毒品。这样不仅能稳住客源，还可以增加收入。2014 年春节刚过，徐某在一次饭局上通过别人介绍认识了一直在社会上游荡的当地人韩某。从此，两人狼狈为奸，开始了他们之间所谓的利益"共赢"。徐某通过韩某获得毒品，并"配备"到游戏厅，游戏厅又开始火起来。2014 年 7 月，徐某与韩某在交易毒品时被民警查获。

吴某自幼在某小镇长大，平时没有固定工作。2012 年 10 月，他租用黄某的自建三层民房，在一楼摆放了两台"捕鱼"的游戏机，还请了同村的黄某春帮他守店。11 月，吴某突然发现有人在店里吸食毒品，吴某怕影响生意，并未赶他们走，而是"友情提醒"说："三楼有一间空房，你们以后想吸毒就躲到那间房间去吸。"本来还躲躲藏藏的瘾君子们，在得到了老板的允许后，再也不躲了。"溜冰"（吸食冰毒）这件事，在吴某的店里变成了公开的秘密。后来，吴某为了招揽生意，开始为来打游戏的人免费提供冰毒。就这样，来吴某店里"打游戏"的人越来越多了，游戏厅的生意越来越好，甚至有许多人成了"常客"。后来，吴某因贩毒和容留他人吸毒被公安机关查获并逮捕。吴某在供述中说："我本来想，反正自己也不吸毒，就是为了招揽生意买来毒品免费提供给他们吸食，好让他们在我店里打游戏多输点钱。"吴某的经济账算得很细，但是他没有算好人生账，最终把自己和黄某春送进了监狱。

👉 为什么青少年要远离游戏厅？

青少年大都爱玩，游戏厅是他们常去消遣娱乐的地方，很多青少年在那里烟不离手，而这些香烟里很可能掺入了毒品。

国内一项针对中学生的涉及两省 5666 名高中生的问卷调查显示，能够意识到"吸毒往往是从吸烟开始"的高中生比例尚不足三分之一。一方是浑然不觉，另一方却在费尽心机。据报道，曾有游戏厅老板每日向常来光顾的年轻人分发香烟，以示亲切，可是吸烟的人并不知道在香烟中已经掺入了毒品（海洛因和冰毒等可以掺在卷烟中吸食）。有些老板甚至给顾客提供免费毒品和吸食毒品的场所。

赌博的场所也是一些瘾君子聚集的地方。一些"赌鬼"为了保持精力旺盛，就吸食毒品，变得异常兴奋，想通过赌博快速赢得更多的毒资。

常去游戏厅、赌场的人，极易在一些涉毒人员的影响下染上毒品，走上人生毁灭的道路。

其实，不吸烟、不喝酒是远离毒品最有效的方法。但是，我国青少年吸烟情况严重。据最新烟民调查数据显示，2018 年中国 15~24 岁人群吸烟率已上升至 18.6%，其中男性青少年吸烟率达到 34%。此外，2018年底发表在《柳叶刀·呼吸医学》上的数据显示，从 2003 年至 2013 年，中国 15~24 岁青少年的吸烟率由 8.3% 上升到 12.5%。青少年吸烟、喝酒的不良习惯越多，就越容易被影响而沾染毒品。因此，远离毒品，从远离烟酒开始。

三、网吧暗藏的毒品风险

【探究学习】

2012 年高考结束后，刘先生因为儿子考得不错，非常高兴，就给了几百元钱让孩子跟同学出去玩。谁知，儿子整天蹲在后街的网吧通宵玩游戏，几天下来双眼熬得通红，精神萎靡不振。刘先生担心儿子的身体，就跑到网吧找儿子回家。刘先生一进网吧，就感受到里面乌烟瘴气，看到儿子和几个同学戴着耳麦，坐在椅子上摇头晃脑，仔细一看，几个年轻人桌上都放着可乐和一个小瓶子。经过询问，刘先生得知这小瓶子里装的竟是"摇头水"。经过劝导，孩子答应刘先生再也不喝了，但是刘先生还是很痛心，他非常担心儿子以后会染上毒瘾。

2019 年 1 月 3 日晚，某市派出所接到群众举报，说在某小区内可能有人吸食毒品。接到举报后，派出所民警立即前往抓捕，最终在该小区周围的网吧里，将正在上网的嫌疑人张强（化名）等人抓获。原来，18 岁的张强在当晚和另外一名在微信上认识没多久的网友相约在该网吧打游戏。玩到晚上 11 点多的时候，张强打算和该网友告别，说自己有点困，想回家睡觉。正在游戏兴头上的朋友见张强困了，就悄悄对张强说："我有好东西，能让你提神，打游戏不瞌睡，要不要试试？"涉世未深的张强为了能继续打游戏，也没多想，就答应了。朋友领着张强来到某小区一房间内，开始吸食毒品。由于是第一次接触毒品，张强多少有些紧张，但是又禁不住诱惑，就吸了两口。然后两人继续回网吧打游戏，直到被警察抓获。

👉 为什么青少年要远离网吧？

网络时代，很多人都爱上网，青少年对网络游戏更是容易沉迷。不少青少年家里有电脑，能上网，但还是有很多人喜欢到网吧上网，有的就此从网瘾发展成毒瘾。

很多青少年在家上网玩游戏会受到家长的限制，在网吧则可以玩个痛快，便开始喜欢泡网吧。遇到不顺心的事，就跑到网吧通过上网打游戏宣泄。因此，我们经常会看到一些学生连续几天在网吧上网而不回家、不休息的新闻报道。

近几年，毒品不仅在酒吧、KTV 等场所交易，也开始在网吧兴起和泛滥。上网的年轻人借助新型毒品"提神"，玩游戏时更刺激、更兴奋。在网吧的年轻人，不是受到网吧不良环境的影响，就是因为上网受到不良的网友诱骗，从而沾染上毒品的。

四、网络社交平台暗藏的毒品风险

【探究学习】

2017 年，某地人民检察院办理了一起公安部督办的利用网络视频平台组织吸毒的特大案件，涉及全国 18 个省市 600 多名吸毒人员、贩毒人员。

"名流汇"表面上看是一个普通的网络视频平台，实际上却是一个瘾君子的聚集地。平台负责人王某和李某等人设置了较为严密的入会程序。吸毒人员需先经熟识的朋友介绍，进入"名流汇"的 QQ 群，在群文件中下载平台客户端后，吸毒人员根据平台管理员提供的账号和密码登录。登录平台后，平台管理员还要对新进人员的"吸毒身份"进行验证——吸毒人员在平台上通过视频向管理员和其他会员直播自己吸毒的过程。经验证后，才能成为该平台会员。

平台设有多个虚拟房间，会员可交流吸毒体会和感受，讨论涉毒信息。每个房间由房主负责日常管理，活跃气氛，发游戏币，播放"嗨歌"，发出"散冰"、"溜冰"、一起"溜冰"、放曲子等指令，调动会员的亢奋情绪。

该视频吸毒平台不仅提供聚众吸毒的虚拟场所，而且还提供买卖毒品的网络销售渠道，衍生的毒品犯罪行为严重。经查，"名流汇"衍生出的毒品交易次数近百次，交易数量上千克。会员可以在平台上推销毒品，联系买家贩卖毒品，轻松获取任何涉毒信息。

很多会员从吸毒开始，变成毒贩，从零售毒品发展成批发毒品，越陷越深。

☞ 青少年上网进行社交活动要警惕哪些毒品的陷阱？

　　酒吧、迪厅、KTV、游戏厅、网吧等，都是传统的瘾君子们接触毒品、聚众吸食毒品的场所。随着互联网的发展，网络社交平台的兴起，特别是直播平台的流行，聚众染毒的场所还扩展到了虚拟网络平台。网络直播已成为全民热潮，有斗酒直播、美食直播、喊麦直播、唱歌直播……现在，瘾君子们居然在网上兴起吸毒直播。吸毒者在线下怂恿他人入伙，在线上又诱惑他人进入直播间，通过在线直播一起吸食毒品。

　　青少年群体由于心智尚未成熟，判断能力差，没有较强的是非观念，极易受周边环境、人事所影响，产生盲从心理，极易被包装成"时尚"的不良行为所诱惑，走上吸毒之路。因此，同学们要远离毒品，就必须远离涉毒人员，远离易接触到毒品的场所。受到毒品诱惑时必须懂得正确的应对方式，保护好自己。

五、如何识别涉毒人员

【探究学习】

　　2011 年 1 月 24 日上午 10 时左右，吴某和一男一女两名未成年人走在回家的路上，他们三人面色蜡黄，走起路来摇摇晃晃。这一幕正好被巡逻的派出所民警看到。见情况有些可疑，民警立即上前将三人拦下。经过盘查，吴某等三人承认，在几个小时前，他们曾和另外 9 名未成年人一起，在苟某家中吸食了一些冰毒和麻古。据三人说："其他人现在在李静（化名）家玩耍。"

随后，拿不出身份证的吴某等三人被带回派出所接受调查。与此同时，民警立即赶往李静家搜查。

上午 11 时，民警来到李静家中，敲开李静家的大门后发现，有 3 名涉嫌吸毒的未成年男子已经从李静家离开。在这间狭窄的屋子里，女高中生涓涓（化名）正和 6 名高中生模样的男子待在一起，他们有的在打牌，有的蜷缩在沙发上休息。很快，先前离开的 3 名男子中有两名被警方控制，另一名逃脱。面对民警的询问，8 名未成年男子均对吸毒的事实供认不讳。

民警在李静家楼下的垃圾堆中找到一个塑料袋，袋里装有本案中 12 人吸毒时使用过的冰壶等器具。

经过尿检，18 岁的男子吴某、1 名女高中生和 9 名未成年男子尿样均呈阳性。这群孩子几乎都是校友，他们初中时就读于同一所学校。其实最让民警震惊的是，被控制的 11 人中，除吴某和 1 名男子外，其余 9 人都是 15~17 岁的在校高中生。

👉 身边的哪些人可能是吸毒人员或者涉毒人员？发现涉毒场所和吸毒人员时，我们该怎么办？

染上毒瘾的人会表现出诸多明显特征，当你发现身边出现以下特征的人，应尽快远离。

（一）吸毒人员的一般特征

1. 生理特征

吸毒者大多体态消瘦，衣着不整，精神萎靡。注射吸毒者在上臂三角肌或臀部有针眼或硬块，严重时可出现皮下脓肿，静脉注射者可发现静脉炎。还有一些吸食特定毒品之后产生的典型生理特征，如"红眼睛"是吸食大麻后最明显、最典型的生理特征；苯丙胺类吸食者会出现牙齿磨损、坏牙、牙齿发黄发黑的现象；吸食致幻剂在生理上可能会表现出恶心、呕吐、瞳孔放大、视物模糊、颜面潮红、出汗不止、头痛头昏、心跳加快、共济失调等症状。

2. 精神特征

吸毒者在精神方面表现为情感淡漠、思维散漫、急躁易怒、多疑、自卑，注意力难以集中，记忆力明显下降，智力活动较迟钝，易出现幻听、幻视、妄想症状，缺乏责任感。

3. 行为特征

从某种意义上讲，吸毒者的行为表现无不带有毒品的"烙印"。说谎是吸毒者的共同特征之一。吸毒者为了能继续使用毒品和逃避、缓解内心及外界的压力，必然会说谎。话题围绕金钱，也是吸毒者的一个特征。因为吸毒者为了支付其庞大的毒品开支，必须想尽办法筹钱，他们会通过借贷、乞讨、抵押、变卖家产等方式筹钱，甚至做出巧取豪夺、男盗女娼等各种违法犯罪行为。

（二）吸食海洛因人员的特征

（1）长时间躲在自己房间里，不愿见人，甚至不见家人。

（2）藏有毒品或吸毒工具，包括注射器、锡纸、切断的吸管、勺子、烟斗等。

（3）为遮掩收缩的瞳孔，在不适当的场合佩戴墨镜。

（4）为掩盖手臂上的针孔，长期穿着长袖衣服。

（5）经常无故出入偏僻的地方，与吸毒者交往等。

（三）吸食新型毒品人员的特征

（1）经常出入歌舞厅、酒吧、网吧、夜总会等娱乐场所，与吸毒者交往。

（2）牙齿磨损严重，皮肤因奇痒而抓挠破损。

青少年防范毒品，需要远离不良人群的生活圈、朋友圈，慎交友、交良友，坚决防范和自觉抵制毒品诱惑，尽量避免出入不良娱乐场所，防止被诱骗陷入毒品泥潭。在家庭中，若发现家庭成员有如上表现，应尽早设法寻求帮助，及时避免家人误入歧途。

六、如何拒绝毒品侵扰

我们要拒绝来路不明的物品，如零食、卷烟、饮料等；绝对不要听信吸毒可以减肥、治病、不会上瘾等谎言；面对"不吸就不是朋友"等引诱吸毒的压力，要坚决说"不"！

拒绝毒品的关键是态度和决心。同时，方式和方法也很重要。从某种意义上说，拒绝也是一门艺术。合理、有效地拒绝毒品，才能真正远离毒品，保护自己。

合理拒绝，是在充分尊重他人情感和价值观的基础上，公开坦率地就某一问题表达自己与他人不一致的观点、感受。合理拒绝也可能引起他人愤怒，但通过自身的积极行动，他人的这种愤怒可能会得到抑制。合理拒绝是处理青少年吸毒问题以及其他现实生活问题的一种重要技能，掌握该技能可增强处理某些问题的有效性。我们可以通过语言表达和非语言表达，向毒品说"不"！

（一）语言表达，你可以这样

坚决地说"不"；

说"不"，并加以重复；

说"不"，并说出一种理由；

说"不"，并给出一个借口；

说"不"，并给出另外一种选择；

说"不"，并开一个玩笑了之。

（二）非语言表达，你可以这样

沉默拒绝，后退，摇头，皱眉，并做出厌恶的表情，离开。

七、发现涉毒违法犯罪行为怎么办

当你发现身边有人吸食毒品，要在第一时间离开现场，并及时告诉老师或家长。如果你发现其他和毒品有关的线索，或者有毒贩、毒友逼你吸毒并威胁你时，一定不要被他们威吓住，要在确保自身安全的情况下，寻找机会偷偷告诉你信赖的人，或者秘密拨打110报警，寻求警察的帮助。

八、中学生如何参与禁毒行动

【探究学习】

　　北京市历来重视对青少年群体的禁毒宣传教育工作，除了利用多种媒体普及禁毒知识、宣传禁毒工作以及传播禁毒理念，还开展了多元化的禁毒宣传工作，比如定期开展"北京青少年禁毒夏令营"活动，组织在校青少年参观禁毒展，观看禁毒教育宣传片，参观强制隔离戒毒所，了解戒毒人员生活。同时安排禁毒志愿者对参加夏令营的青少年进行相关培训，鼓励这些"禁毒小教员"运用学到的禁毒知识深入所在社区开展禁毒宣传活动，成为青少年禁毒宣传教育的志愿者和传播禁毒知识的"火种"；利用学校升旗仪式、班队会，在学校进行禁毒知识宣讲，广泛开展远离毒品教育活动。

广西壮族自治区禁毒委员会办公室、广西教育厅和共青团广西壮族自治区委员会于2018年联合组建了1.95万人的青年禁毒志愿者服务队，区、市、县三级自上而下建立总队、支队和大队。广西壮族自治区禁毒委员会办公室、共青团广西壮族自治区委员会共同为广西青年禁毒志愿者服务队授旗。

广西壮族自治区禁毒委员会办公室指出，广西组建青年禁毒志愿者服务队，标志着禁毒志愿工作进入制度化、规范化的新阶段。广西各地各部门要高度重视，加强组织协调，做好禁毒志愿者的推荐、招募工作，专门部署并认真开展志愿者招募、审核、培训等工作，确保禁毒志愿者队伍顺利组建。要积极搭建平台，组织开展禁毒宣传志愿服务活动，实现专业禁毒社会工作者、禁毒志愿者、服务对象和活动项目的有效衔接，确保服务质量。要通过多种途径加强宣传，广泛普及志愿理念，扩大社会影响，形成关心、支持和参与志愿服务的良好氛围，让更多人加入禁毒志愿者服务队，促进禁毒宣传志愿服务工作顺利开展。

👉高中生除了远离毒品、拒绝毒品，还可以以何种形式参与禁毒行动？我们如何在禁毒行动中发挥出应有的作用？

（一）学习禁毒知识

要参与到禁毒行动中，首先要学习和掌握好相关的禁毒知识，树立正确的禁毒意识。学习的内容主要包括：

（1）禁毒历史，包括中外毒品简史，国内外禁毒斗争现状和特点等。

（2）毒品常识，包括毒品的概念、分类、不同性状和特征等。

（3）毒品的危害，包括毒品对个人的生理危害、心理危害，以及对家庭的危害和对社会的危害等。

（4）吸毒机制，包括吸毒成瘾的机理，吸毒者的生理特征、心理特征和早期发现等。

（5）毒品违法犯罪，包括毒品违法犯罪活动的外在表现，以及对吸毒行为、制毒贩毒活动的惩处等。

（6）禁毒法律法规，包括《中华人民共和国禁毒法》及相关法律法规。

（7）戒毒知识，包括生理戒毒、心理戒毒、戒毒方法和戒毒机构等。

（8）其他禁毒知识，包括识毒技巧、防毒技能和参与禁毒活动的方法等。

（二）参加学校毒品预防宣传教育活动

学校是青少年毒品预防宣传教育的主要场所，同学们可以积极参加毒品预防宣传教育的各项活动，提高禁毒意识，还可以协助开展各类宣传活动，增强校园抵御毒品的能力。

一般来说，校园毒品预防宣传教育主要有以下几个方面：

1.禁毒讲座

对同学们集中进行禁毒知识讲座，主要内容：播放禁毒视频资料，讲解常见的毒品知识、毒品的成瘾性及危害性，青少年拒毒、防毒技巧，以及成功拒毒的案例。

2. 室外宣传活动

在室外活动课上、课间、放学后开展禁毒知识宣传活动，将禁毒知识融入趣味游戏、知识问答等活动中，提高同学们对禁毒知识的接受度。活动的主要形式有现场咨询、挂图展，还有猜灯谜等寓教于乐的游戏，以及利用 VR 技术进行滥用毒品后状态的虚拟体验活动。

3. 主题班会

以班级为单位，由老师或者社会工作者讲授禁毒知识。班会中可以设置讨论、情景剧、游戏比拼等多种活动形式，帮助同学积极参与其中，对难理解、易误解的问题充分学习和认识。

4. 禁毒爱国教育活动

利用每周"国旗下讲话"的契机，开展国旗下宣誓、禁毒宣言、禁毒爱国教育、禁毒晨读等学习活动。

5. 参观禁毒教育基地

由老师或社会工作者带领同学们前往各类禁毒主题教育基地参观学习。

6. 禁毒类主题活动

参与学校和有关部门举办的禁毒类主题活动，在活动中学习禁毒知识。

同学们可以积极参与学校毒品预防宣传教育的主题活动，例如，制作黑板报、开展校园广播节目进行禁毒宣传；组成学习小组开展禁毒讨论会、座谈会；协助学校老师以及社会工作者在学校开展各类禁毒宣传主题活动，担当"禁毒小教员"等。

目前，很多学校都鼓励学生成立社团来丰富学生的校园生活，以自主管理的形式来培养学生的团队合作及沟通能力，开展禁毒社团活动能在一定程度上促使学生主动学习禁毒知识、宣传禁毒教育。禁毒社团活动能够培养校园青少年禁毒服务力量，也能实现校园内禁毒宣传深度和广度的覆盖。社团成员在日常生活中传播禁毒理念，影响身边的人，从而在校园内全方位营造禁毒文化。

（三）参与禁毒青年志愿者行动

禁毒青年志愿者行动是青年参与禁毒行动的重要载体，也是开展毒品预防教育的一种新机制。禁毒青年志愿服务工作是我国禁毒工作的重要组成部分，青年志愿者通过在社区、学校、工厂等场所积极开展多种形式的禁毒宣传教育活动，营造宣传氛围，为消除毒品的危害发挥先锋模范作用。

1. 禁毒青年志愿者的报名要求

成为禁毒青年志愿者需要满足一定的条件：年满 18 周岁，具有社会责任感和奉献精神，遵纪守法，热心禁毒工作，每年自愿参加 48 小时以上的禁毒志愿服务工作，具有合法的身份证明，具备良好的体能和相应的服务技能。有意向的年轻人可向所在地禁毒青年志愿者组织提出申请，经接受申请的禁毒青年志愿者组织批准后，依照招募程序和办法可以正式成为禁毒青年志愿者，并获得由中国禁毒志愿者行动协调办公室或其授权的机构颁发的禁毒志愿者证书。

2. 禁毒志愿者组织

禁毒青年志愿者应当隶属于一定的组织，禁毒志愿者组织是指服务于禁毒工作的公益性群众组织。根据国家禁毒委办公室、共青团中央、全国总工会、全国妇联《关于推动禁毒志愿者行动的通知》要求，在国家禁毒委员会的领导下，国家禁毒委员会办公室会同共青团中央、全国总工会、全国妇联成立中国禁毒志愿者行动协调办公室，负责对全国禁毒志愿者工作的协调、指导。各地禁毒志愿者组织按照我国的相关法律法规、中国青年志愿者协会的章程等相关规定，制定自己的章程，并在上级组织的领导下依照章程开展工作。

3. 禁毒青年志愿者的服务项目

禁毒青年志愿者的服务项目主要是开展禁毒宣传和预防教育工作，关心、帮助戒毒人员彻底戒断毒瘾，协助、配合禁毒主管部门开展相关禁毒工作。具体内容主要包括以下六个方面：一是开展多种形式的毒品及其危害的宣传和预防教育工作；二是参与涉及禁毒法律法规的宣传教育工作；三是深入基层，参与目标社区的禁毒、戒毒、拒毒、防毒等项目的宣传和预防教育工作；四是积极招募禁毒青年志愿者，特别是要鼓励教师、医生、律师、新闻和媒体工作者、社会工作者等有专业特长的人员立足岗位或利用业余时间参与禁毒工作；五是帮助社区内戒毒人员彻底戒断毒瘾，重返社会；六是参与禁毒青年志愿者协会和当地禁毒部门组织的其他活动。

同学之间、青少年之间沟通较为容易，志愿者开展的禁毒宣传教育往往能达到很好的效果。志愿者充分利用共同的兴趣爱好，利用同辈群体的正面功能，依托学校、社区、家庭等阵地，给其他青少年传递正确的毒品预防观念，培养健康的生活方式，珍爱生命，珍惜青春，帮助青少年学会选择、自尊、自律和自我保护，使广大青少年从小树立远离毒品、杜绝毒品的意识，提高青少年的自我保护意识和防范能力。

禁毒行动我先行，我们不但要学好禁毒知识，还要担起更多的社会责任，积极地参与禁毒活动，通过参与形式多样的禁毒宣传活动，为增强全民，特别是青少年的禁毒意识，提升青少年识毒、拒毒、防毒的能力贡献力量。

【拓展链接】

开展禁毒宣传教育的设计方案

一、校园宣传活动

第一，制作调查问卷。为了达到良好的宣传效果，我们需要事先了解清楚禁毒宣传教育的对象，以及在预防毒品危害中存在的问题，可通过调查问卷（书面或口头交谈形式皆可）等形式展开调查。

调查问卷的问题可以包括：当下流行的毒品有几种？吸毒会带来什么后果？你怎样看待毒品和吸毒人员？

第二，设计宣传内容。通过问卷调查，我们可以有针对性地选择宣传的内容。例如，如果宣传教育的对象对毒品的常识、毒品的危害并不是非常了解，也不了解如何拒绝毒品，我们这次的宣传活动就可以主要介绍毒品的常识、模拟体验吸食毒品带来的危害、组织小游戏巩固学习内容等。

第三，准备演讲稿。演讲稿的内容可以是禁毒的常识，包括毒品的常见种类、特征和危害等，并进行演讲模拟练习。

第四，准备模拟体验设备。设备主要用于模拟体验吸毒带来的危害。

第五，实施宣传活动。为了加深同学们对禁毒宣传教育的印象，我们还可在宣讲时增加游戏互动等环节，提高同学们的参与度和学习效果。常用的游戏互动方式：游戏一，禁毒常识抢答；游戏二，情景表演。邀请两组学生分别扮演毒贩和被引诱吸毒的人进行情景表演，表演优秀的小组可获得禁毒徽章。

第六，效果评估。活动结束后及时发放调查问卷，评估活动的效果，不断改进方式方法，争取取得良好的宣传效果。

二、主题班会

目的：引起同学们对吸毒问题的关注；引导同学们选择正确的成长方向，学会拒绝毒品。

内容：通过案例引入成长话题。让同学们一边观看视频案例，一边开展讨论。讨论内容可包括学生面对各种挫折的应对方式、面对毒品时的态度。讨论的中心思想是坚决拒绝毒品。

主题班会活动可分为四个阶段，同学们可以在老师的指导下开展活动。

第一阶段：学习基础知识。观看禁毒科普影片，学习禁毒的基础知识，通过小游戏（如知识抢答等）巩固所学知识，答对可获得奖励。同时，同学们分成几个小组，每组分别就一个情景编排一个十分钟的情景剧。情景可以包括：如学习遇到困难时，自己应该怎样做？如果有社会青年要带你去KTV、网吧通宵玩耍，并给你介绍一群抽烟、饮酒、吸毒的朋友，你该怎么办？聚会上有人邀请你抽烟、喝酒，你会怎么做？发现身边有人吸毒，你该怎么办?

　　讨论中,可以体验学习不同情况下的不同拒绝方式:

　　1.尝一尝吧,这也是一种体验。

　　你的拒绝方式:＿＿＿＿＿＿＿＿＿＿＿＿＿＿＿＿＿＿

　　2.尝一尝吧,不会有人知道的。

　　你的拒绝方式:＿＿＿＿＿＿＿＿＿＿＿＿＿＿＿＿＿＿

　　3.尝一尝吧,不会上瘾的。

　　你的拒绝方式:＿＿＿＿＿＿＿＿＿＿＿＿＿＿＿＿＿＿

　　4.尝一尝吧,很"嗨"的。

　　你的拒绝方式:＿＿＿＿＿＿＿＿＿＿＿＿＿＿＿＿＿＿

　　5.如果你拿我当朋友,就不要拒绝我。

　　你的拒绝方式:＿＿＿＿＿＿＿＿＿＿＿＿＿＿＿＿＿＿

　　第二阶段:禁毒情景剧,各小组依次进行表演。

　　第三阶段:讨论互动。结合情景剧,同学们开展讨论活动。讨论内容可包括:如果你自己遇到上述困难,你会怎么办?如果你的亲人或朋友面临上述困境,你应该怎么帮助他?对于这个案例,你怎么看?

　　第四阶段:在老师的指导、点评下开展活动,同学们巩固所学的知识。

【推荐观看】

　　纪录片:《中华之剑》《凤凰路》《刀锋》。

　　电影:《湄公河行动》《毒战》《扫毒》《门徒》《禁毒者》。

　　电视剧:《破冰行动》《猎毒人》《戒毒风云》《缉毒者》《余罪》。